怎样读懂学生

心理特级教师的建议

—— 修订本 ——

杨敏毅　谢晓敏　著

中国人民大学出版社
·北京·

图书在版编目（CIP）数据

怎样读懂学生：心理特级教师的建议 / 杨敏毅，谢晓敏著. -- 修订本. -- 北京：中国人民大学出版社，2023.1

ISBN 978-7-300-31293-4

Ⅰ.①怎… Ⅱ.①杨… ②谢… Ⅲ.①高中生—心理健康—健康教育 Ⅳ.①G444

中国版本图书馆CIP数据核字（2022）第245116号

怎样读懂学生：心理特级教师的建议（修订本）
杨敏毅　谢晓敏　著
Zenyang Du Dong Xuesheng: Xinli Teji Jiaoshi de Jianyi (Xiuding Ben)

出版发行	中国人民大学出版社			
社　　址	北京中关村大街31号		邮政编码	100080
电　　话	010-62511242（总编室）		010-62511770（质管部）	
	010-82501766（邮购部）		010-62514148（门市部）	
	010-62515195（发行公司）		010-62515275（盗版举报）	
网　　址	http://www.crup.com.cn			
经　　销	新华书店			
印　　刷	北京华宇信诺印刷有限公司			
开　　本	720 mm × 1000 mm　1/16		版　次	2023年1月第1版
印　　张	15.25　插页1		印　次	2023年9月第2次印刷
字　　数	210 000		定　价	68.00元

版权所有　　侵权必究　　印装差错　　负责调换

目录

再版前言　/1

序（边玉芳）/3

第 1 辑
学业困惑：压力与缓解

1. "学习方向在哪儿"
　　——如何激发学生的学习内动力　/6

2. 自认倒霉的男生
　　——如何用理性情绪疗法引导学生　/11

3. 申请留级的女生
　　——如何引导学生处理学业与恋爱的关系　/16

4. 无法行走的数学高手
　　——如何引导学生走出自我认识的误区　/20

5. 三条喜讯背后的故事
　　——如何引导学生认清成绩　/24

6. 偏科生与木桶效应
　　——如何帮助学生正确认识偏科　/29

7. 对未来感到迷惘的男生
　　——如何帮助学生树立学习目标　/34

8. 她为何要放弃高考
　　——如何引导学生理性对待高考　/38

9. "考不上本科是很丢脸的"
　　——如何引导学生缓解成绩带来的压力　/43

10. 留级生的烦恼
　　——如何帮助学生面对留级　/48

第2辑

成长烦恼：冲突与沟通

1. 被忽视的中等生
　　——如何帮助学生突破自我　/54

2. 挂在墙上的保证书
　　——如何让承诺成为成长的动力　/58

3. "青苹果"的诱惑
　　——如何引导学生正确对待异性交往　/63

4. "24岁嫁个有钱人"
　　——如何引导学生树立梦想　/68

5. 不吃午饭只爱吃糖的女生
　　——如何培养学生健康的饮食习惯　/73

6. 害怕独自外出的女生
　　——如何应对家长的过度保护　/77

7. 向喜欢的老师表白后
　　——如何引导学生处理感性情绪　/81

8. "只想找个人说说话"
　　——如何做个陪伴学生的见证者　/87

9. "我是谁"
　　——如何帮助学生客观认识自我 / 92

10. 新来的转学生
　　——如何与转学生建立信任关系 / 97

第 3 辑
亲子关系：叛逆与包容

1. "也许爸妈不该改变"
　　——如何引导学生走出高原期 / 102

2. "我是家里的空气"
　　——如何引导学生认识自我存在感 / 107

3. 她为什么难以入眠
　　——如何引导学生应对失眠 / 111

4. 都是吃肯德基惹的祸
　　——如何帮助学生应对心理伤害 / 115

5. 让父亲下跪的儿子
　　——如何看待激将法 / 120

6. 因妒生恨的姐姐
　　——如何引导家长公平教育 / 125

7. 疤痕女孩儿的怨恨
　　——如何引导学生走出自卑 / 130

8. 他们为何离家出走
　　——如何帮助学生梳理友情与爱情 / 134

9. QQ 聊天儿引发的危机
　　——如何帮助学生理解家人 / 140

10. "不奢望谁能理解我"
　　——如何帮助学生应对童年创伤 / 145

11. "你到学校会给我丢脸"
　　——如何帮助学生应对家庭变故 / 151

12. 无法与人正常交流的男生
　　——如何帮助学生纾解情绪 / 156

13. 走出父母离异的阴影
　　——如何陪伴学生应对父母离异 / 160

14. "不想成为别人的包袱"
　　——如何帮助学生应对心理危机 / 165

15. 家有全职"保姆"的烦恼
　　——如何帮助学生应对全职妈妈 / 170

16. "守住属于我的一切"
　　——如何引导学生减轻原生家庭的伤害 / 175

17. "我也是他们的孩子啊"
　　——如何引导学生处理再婚家庭关系 / 179

第4辑

心理障碍：恐惧与调适

1. 她为何畏惧游泳池
　　——如何引导学生科学减肥 / 184

2. 爱猜疑的敏感女生
　　——如何引导学生排解多疑心理 / 189

3. 见血就晕的学霸
　　——如何帮助学生应对晕血症 / 195

4. 担心患乳腺癌的女生
　　——如何引导学生直面病魔　/ 199

5. 他为何虐杀小动物
　　——如何引导学生敬畏生命　/ 202

6. 楼道口的寻人启事
　　——如何帮助学生应对暴食行为　/ 206

7. 惧怕癞蛤蟆的女生
　　——如何引导学生保护自己　/ 210

8. "我真的可以克服口吃吗"
　　——如何帮助学生应对口吃　/ 215

9. 总忍不住想洗手的女生
　　——如何引导学生减少强迫行为　/ 219

10. "别人都说她疯了"
　　——如何引导学生应对性侵犯　/ 224

11. 言行怪异的女生
　　——如何引导学生应对抑郁症　/ 229

后记　/ 234

再版前言

时间是最好的见证。本书出版以来不仅受到广大读者的关注与好评,也收到社会的良好反响。不断传来的加印消息,说明此书受到了大家的青睐。在此向大家表示我们诚挚的谢意。

再版之际,与大家交流一下当初写作的动机和当下的思考,以及关于本书的修改和未来的期待。

当初我们的写作意图就是想说说学生的心理故事,谈谈教师应该如何应对学生的心理问题,但写着写着我们发现小学生、初中生和高中生的心理故事有所不同,教师应对的方式也该有所区别。所以,就写成了《怎样读懂学生:心理特级教师的建议》《读懂小学生:心理特级教师的咨询手记》《读懂初中生:心理特级教师的咨询手记》三本书。它们分别针对不同年龄学生的特点,给教师和家长提出了建议。在撰写过程中,我们发现学生心理问题的发生和解决,与教师、家长的心理困惑、做法息息相关。教师和家长不仅是学生处理心理问题的解铃人,而且是学生产生心理问题的系铃人。因此,我们又撰写了两本关于教师和家长心理的书:《做内心强大的教师:教师常见心理困惑解析》《透视孩子的心理世界:给教师和家长的心理学建议》。

几年过去了，学生的问题、教师的方法都发生了变化。比如，肆虐全球的疫情对学生的心理、亲子关系等都造成显著影响。所以我们补充了一些符合当下情况的案例。书中人名均为化名。修订后的各书更贴近读者的实际需求，也更具指导性。

岁月催人成长。我们在不断实践的基础上，对"读懂学生"这四个字也有了新的理解。本书第一版记录的48个心理咨询案例，主要从问题出发，在倾听学生的基础上剖析、澄清实质和辅导学生。现在，我们觉得"读懂学生"还应体现在理解、接纳和引导上。我们应该读懂学生的学习特点、兴趣特长、心理特质和困惑特需，并在积极心理学基础上，开发更多有趣的、有效的心理辅导活动，以改善学生的情绪状态，优化学生的心理品质。

这几年我们走访了一些学校，接触了一些学生、教师和家长，对学校心理健康教育工作的重要性有了更深的理解。教师们渴望获得更多读懂学生、家长和自己的方法与技能。面对日益复杂的学生心理问题，他们希望能有人给予指点与示范。这些交流让我们觉得自己有义务做好这项工作。所以，我们将本书修订再版，继续发掘新话题，希望能为学生、教师心理健康水平的提升做点儿贡献。

序

青春，多么美好的词儿！古往今来不知有多少人讴歌过美好的青春。青春期，多么令人纠结的成长阶段！有哪个学生没在青春期感受过迷茫，又有多少教师和家长不为青春期孩子叛逆的言行感到束手无策。

为什么我们的孩子烦恼多于快乐？为什么教师和家长常常对处于青春期的孩子那么无奈？甚至有许多孩子感觉与家长和教师无法沟通、无话可说。家长和教师是孩子成长过程中的重要他人，如果他们不能理解孩子，不能打开孩子的内心世界，他们对孩子的教育就不可能做到有的放矢，对孩子的成长就可能会造成不良影响。

怎样才能读懂学生？怎样才能读懂他们的喜怒哀乐、所思所想？这是每个孩子的教师和家长必须面对的问题。

青春期的孩子正处于人生的转折期，他们渴望独立，渴望成长，渴望认同，渴望理解。在他们特立独行的行为背后有属于他们的内心故事，需要教师和家长去倾听。有一些孩子，到了这个时期，可能其发展已经出现了一些偏差，更需要教师和家长及时地与他们沟通，为他们创造良好的成长环境；更需要教师和家长发掘他们的潜能，让他们回归正常发展之路。

本书是心理健康教育特级教师杨敏毅老师和她的同伴

谢晓敏老师，根据她们做过的心理咨询案例汇编而成的。全书分四辑，围绕学业、亲子沟通、同伴交往、师生关系等学生面临的常见问题展开，共48个案例。通过这些案例，我们读到了一个个鲜活的生命，他们的所思所想，以及他们在理解和包容下的改变！因此，阅读这些案例的过程也是教师和家长读懂孩子的过程。每个案例后面附有"聆听手记"，更能让教师和家长了解孩子出现这些问题的原因和其隐藏的意义。

我和作者杨敏毅老师是老朋友，在浙江大学工作期间相识。她是浙江省最早开展学校心理健康教育工作的老师之一，当时她的工作就颇受好评，后来她调入上海市七宝中学继续开展心理健康教育工作，她在浙江的同伴还经常提起她，说她在上海发展得很好。现在能读到她的著作，由衷地为她感到高兴，更觉得她为广大教师和家长做了一件好事。

是为序。

边玉芳

本文作者系北京师范大学中国基础教育质量监测协同创新中心学术委员会主任，教授、博士生导师，北京师范大学心理健康与教育研究所所长，北京师范大学儿童家庭教育研究中心主任。

第 1 辑

学业困惑：压力与缓解

对自我实现需求强烈的青少年来说，学业是他们主要的压力源，具体表现为多学科的课业任务、同伴间的学习竞争、多元的升学途径、成绩现状与理想的差距等。由于缺乏积极、有效的应对方法，他们容易陷入紧张、焦虑、烦躁、愤怒等负面情绪中，进而产生自我怀疑、自暴自弃、厌学逃避等认知偏差，甚至做出消极行为。

家长和教师需要给予他们足够的关爱、理解与支持，给予他们充分表达、宣泄与调节的时空，指导他们通过提升自我认知、发展兴趣爱好、客观自我定位、加强体育锻炼和主动寻求帮助等方式调节情绪，积极应对因学业发展带来的各种挑战。

1 "学习方向在哪儿"
——如何激发学生的学习内动力

这天,我应邀为某校家长做了一场题为"和谐亲子关系,促进有效学习"的心理讲座。讲座结束后,一位满脸愁云的家长希望能与我聊一下孩子的情况,我耐心地接待了她。

"老师,您的报告很有启发。我与孩子的关系很不和谐,他的学习成绩就是提不上来。可否让孩子来见见您,希望您给他指点迷津。"她迫切地提出了自己的希望。

"我在报告中讲了两个主题:一是如何处理亲子关系,二是如何促进孩子有效学习。目前引起你困惑的是亲子关系问题,还是孩子学习成绩提升问题?亲子冲突会导致孩子学习成绩不佳,而孩子学习成绩不佳也会导致亲子关系紧张。"我帮助她梳理焦虑的情绪。

"平时我特别关注孩子的学习成绩,对他管得比较多,比较严,所以他对我很反感,我的话他总不爱听。说实话我没有好的办法帮助他。"她一脸无奈地说。

"心理咨询需要当事人主动求助才有效果,所以,请回家后与孩子商量一下,看看他是否有需求。如有需求,我们再联系。"

"我有需求时一定联系您,谢谢。"家长满意地走了。

现在很多家长在孩子的学习问题上显得特别焦虑,他们希望孩子努力学习、勤奋学习、刻苦学习,但真不知道孩子是怎样想的,也不清楚孩子的学习动机、学习基础和学习能力究竟如何。

一周后的一个晚上,我接到一个电话。"老师您好,我妈说,她听过您的讲座,还与您交谈过,说您特别愿意与我交流。"这个学生的话让我一时摸不到头脑。

"请问你是谁?你妈妈是谁?"我谨慎地问。

"老师,我是高二学生小剑,我妈是上周在学校听您的讲座并在结束后与您交谈的那位。您不记得了吗?"他好像有点儿失望似的问。

"哦,我记得,看来她回家后与你交流了讲座内容。你愿意与我聊聊学习成绩,还是亲子关系的话题?"我直截了当地问。

"当然是亲子关系的话题。老师您说,如何让我妈不要像盯犯人一样盯着我学习,让我有一个自由的空间?我都上高二了,如何预习、如何复习,我是知道的,但她就是不放心,总在旁边指手画脚。其实,她的很多想法是不对的,但她就是不听我解释,为此我与她常常发生冲突,现在我都懒得理她了。老师,您在听我讲吗?"他突然觉得讲多了。

"嗯,我一直在认真听呢。"我回答。

"太好了。我想问,您觉得我说得有道理吗?"

"很有道理啊!"我肯定地说。

"谢谢老师。可我妈总是不赞同我的观点,所以,我们无法交流了。"他有点儿兴奋地说。

"虽然你说得有道理,但也不是百分之百正确哦。"

"那您说,我哪里说得不对呢?"他急切地希望我指出不足之处。

"其实,你与你妈妈之间没有完全的对错之分,你们是站在各自的角度看问题。她希望你努力学习,取得好的学习成绩,将来考上理想的大学,实现家庭梦想和你的个人目标。这样的想法没错吧?而你是从个人角度出发,希望她尊重你,给你空间,让你自主安排学习、娱乐,自律地执行学习规划,给你信任的支持而不是监督的控制,对吧?"我理性地分析道。

"另外,我感觉你与你妈妈都是认真的人,但她可能忘了你已经长大,可以自己做决定,自己负责。你可能也不知道,你在长大的过程中,可以听听家长的建议,可以心平气和地与家人沟通、商榷,并在交流的过程中彼此学习。只有和谐的亲子关系才可以促进彼此进步。你在听吗？"此刻轮到我问同样的问题。

"老师，我一直在认真听呢。"他也及时回复了我。

"太好了，看来我们彼此尊重，真诚表达，你我都有收获。"

"老师，我懂了，回家后一定与妈妈好好谈谈自己的想法，希望老师有空给她洗洗脑。另外，我想问一下有关学习的问题，可以吗？"

"当然可以，请说。"

"老师，听我妈说，您以前是化学老师，后来才做心理老师的，是吗？"他好奇地问。

"是的。我大学念的是化学系，毕业后就成了中学化学老师。后来因为兴趣，我走上了心理学之路，再后来就成了心理老师。现在做心理工作好像也取得了一点儿成绩。"我如实地说出自己的职业生涯发展之路。

"老师，我不知道自己将来要从事什么职业，所以，现在好像没有动力。学习方向在哪儿？"他很自然地谈到了学习问题。

"你提出了一个非常好的问题，那就是生涯发展规划问题。一个人在缺乏学习目标的时候，常常会失去学习动力。在没有学习动力的时候，无论外界给多大的压力也没有效果。所以你妈妈一直管你学习，让你产生了厌烦情绪。老师给你出几个思考题：你想成为一个怎样的人？你的优势和特长是什么？你的劣势和短板是什么？你的支持系统在哪里？等有了答案我们再探讨，好吗？"我想让他有一个认真思考的过程。

又过了一周，小剑打来电话说："老师，您出的思考题我想过了，但答案还不太清晰，我可以当面向您求教吗？"

我感受到了他的主动性，爽快地说："可以啊，我们约个时间见面。"

周末下午，小剑如约来到心理咨询室。我见到了一个帅小伙。他很热情，见了我主动说："老师，您好！我就是小剑。很期待与您见面，谢谢老师给我机会。"

"不客气，那我们直接进入主题，谈谈如何进行生涯规划。上次给你布置的思考题，你哪里还有疑惑？"

"我喜欢探究性的思考,优势是动手能力强,短板是外语成绩不佳。我想成为化学研究工作者,但不知道支持系统在哪里。"

"在当下学习与未来填报志愿时,你一定会选择理科科目,因为从目前的个人兴趣与特长能力来看,你理科比文科更强一些。你将来想成为化学研究工作者,那应该进入理科院校化学类专业学习,对吧?我们首先按自己的兴趣—特长—社会需要—家长意愿的顺序思考和设计发展路径。然后,看看完成生涯发展需要做怎样的准备。比如,强化学习、提高能力、完成学业、寻找工作、成就事业。最后,看看你的支持系统在哪里。也就是说,谁可以帮助你提供经济上的支持、学业上的指导、生活上的陪伴、精神上的引领等。"

"好复杂!我以前真没想这么多,您的指导对我有醍醐灌顶的功效。我回去一定好好消化,到时还会来请教您的。今天您在我心里埋下了一颗种子,我立志要成为一个有出息的人。"他兴奋地告别。

生涯规划教育能帮助学生了解自己的兴趣爱好、性格特征,帮助学生分析擅长的学科和未来想从事的职业,再让学生根据现有的主、客观条件,设计出未来职业生涯规划图景。

三个月后,我接到小剑妈妈的电话。她说儿子获得了奥林匹克化学竞赛市级高中组二等奖。一年多后,小剑捧着鲜花来报喜,他兴奋地告诉我:"老师,我即将成为上海交通大学化学化工学院的学生啦!"

我说:"你真棒!现在离你的人生目标又近了一步,加油!"

聆听手记

家长关注孩子的学习情况是极其正常的,也是很有必要的,但如何关注是一门学问。假如家长在严防、严管、严盯的基础上关注孩子,就可能常常因亲子冲突而出现负面结果。所以,家长应该在尊重、信任和支持的基础上,培养孩子自信、自主、自律的品质。中学生应该对自己未来的发展有思考、有理想、有追求。

家长应从保持兴趣、提升能力、强化目标、获得成就的路径上去欣赏孩子、赞美孩子、激励孩子、成就孩子。

本案例一开始呈现的是家长对孩子学习成绩不佳的担忧，但心理辅导的重点是激发孩子的学习内动力。在激发的过程中，咨询师不是就事论事地谈学习方法、学习效率，而是帮助学生设计生涯发展规划，从目标、追求上确定努力方向并激发动力。

2 自认倒霉的男生
——如何用理性情绪疗法引导学生

每学期放假前的一天都是特别的。教师和学生可以告别繁忙的工作与学习，迎来一个相对轻松和自由的假期。在确认办公室的门窗都关好后，我坐到办公桌前，笑着对自己说："终于可以喘口气了。"

"老师！"一个声音中断了我快乐的遐想，我抬头一看，是小豪。

小豪是校学生会学习部成员、班里的纪律委员，学习和工作都非常踏实认真，工作任务交给他绝对可以放心。虽然他性格相对内向，但每次在校园里遇见他，总能听到他一句礼貌的问候。但现在他表情严肃，眼眶湿润，情绪非常低落，说话也有气无力。他提出想去宣泄室使用"宣泄人"。不巧的是，"宣泄人"刚被别的学生打坏了，还在器材公司维修。

"你可以击打'宣泄墙'，或者使用涂鸦墙，还可以在跑步机上跑一会儿。"我建议他采用其他宣泄方式。

"哎！"小豪重重地叹了口气，然后平静地说，"那就打打墙吧。"

往常，学生进入宣泄室击打一阵后，出来时都会重重吐口气，似乎是心中的一块大石头落了地，看起来别样轻松。可今天我并没有听到强有力的击打声。过了十来分钟，小豪从宣泄室里出来了，依然低着头。

按照惯例，学生使用完宣泄器材后，我都会与他们沟通，了解他们使用器材后的感受，希望了解令他们烦恼的问题。

"明天就放假了，怎么这么不开心？我能帮你什么吗？"我关切地问。

"嗯。"还没说出下一句，小豪就委屈地抹起了眼泪。

我轻轻地递上纸巾，然后安静地坐在一旁，等待他平复心情。

"倒霉的事情一件接一件。"大约过了一分钟，他平静下来说，"前几天我的游戏币被盗了，这是我玩了好多年才攒下来的。接着电脑突然蓝屏，拿去修却没什么大问题。后天我就要参加信息科技学业水平考试了，但准考证又找不到了。"说到这儿，他的眼泪又流了下来。

"因为准考证丢失，刚才找了教导主任。教导主任批评我了，我都不知道还能不能参加考试。今天的自修课上，同学们吵得很，我提醒了他们很多次，但他们不怎么听。特别是小逸和小菲，拿着复习材料假装相互帮助，其实是在聊天。后来我发火了，没收了她们的复习材料。小逸要抢回去，我不给，结果我们就吵了起来。"小豪边说边流泪。

"嗯，看来最近真的是很不顺利，想使用一下'宣泄人'，没想到已经被别人打坏了，只能对着墙壁无力地捶打几下。人要倒霉起来喝凉水都塞牙！现在你是不是觉得自己就遇到了这样的情况？"我问。

"嗯，真够倒霉的。"小豪回应道。

生活中，经常有人接连遇到倒霉的事儿。心理学家认为，接二连三的倒霉事与人的心理状况有密切的关系。其中，应激事件扰乱是一个重要因素。当遇到伤害切身利益的事件，或突如其来的危险时，很多人会出现应激反应，表现为：认识范围变得狭窄，理智分析和判断力急剧下降，注意力分配和转移困难，做事容易颠三倒四，甚至呆若木鸡等。如果处理不好，会对之后的事件造成负面影响，进而让情绪变得更加糟糕，影响以后要做的事儿。如此就进入了一种"倒霉—情绪糟糕—更倒霉—情绪更糟糕"的恶性循环中。要帮助小豪从糟糕的恶性循环中走出来，需要帮他整理糟糕事件的发展进程，让他了解事情的原委，并弄清楚事情到底糟糕到怎样的程度。

"多年积攒的游戏币被盗了，你当时是怎么想的？"

"天意如此吧。我心里想着应该好好复习，却忍不住玩游戏，游戏币被盗也算是一次教训吧。"

"电脑有什么问题？"

"说是机箱太热了，重装一下系统就没问题了。"

"那么准考证丢失的事情，教导主任是怎么回复你的呢？"

"教导主任打了好几个电话才联系上负责人，说是会帮忙解决，让我不要担心。我真的觉得很难过，因为我给学校丢脸了。"

"既然事情已经发生，你也不必太过自责，能够帮到你老师一定很高兴。那么，刚才和同学之间的矛盾呢，最终是怎么处理的？"

"还没处理。我怕自己控制不住情绪，就到您这里想冷静一下。"

"以前你管理班级纪律，有没有同学们在自修课上吵闹的情形？那时你是如何处理的？"

"也有，一般就说说。有一次，因为老师说浪费多少时间，放学后就补多少时间，后来放学后大概留了半个小时，大家也都接受了。"

"以前同学们纪律不好，你的情绪像今天这样糟糕吗？"

"没有。"

"你认为今天情绪失控的原因是什么呢？"

"我也不知道。可能是最近发生了太多倒霉的事儿，心里郁闷吧。"

"在这一系列倒霉的事情中，最让你烦恼的是什么？"

"我现在都没法静下心来复习，担心倒霉延续到考试。"他重重地叹了一口气，而我也从中隐约觉察到了问题的关键所在。

"因为最近发生了一系列倒霉的事儿，你担心考不好，想好好复习，也希望同学们好好复习，但是他们不仅没有认真复习，还违反了纪律，让你管理困难，也让你无法认真复习。你就更加担心考不好，所以你的情绪变得很糟糕，才会没收同学的复习材料，和她们发生争执，最后到我这里来宣泄。事情是这样的吗？"

"对，就是这样。"

"因此，在整个事件中，主要还是你自己的情绪有问题。"

"嗯。其实，我一直喜欢打游戏，但平时也就是周末打，所以那些游戏币也是好不容易才攒下来的。要考试了，我应该暂时不玩游戏，但没有忍住。我想，游戏币被盗应该就是对我不认真学习的惩罚吧，我认了。为了让我死心，连电脑也坏掉了，我也认了。我都已经接受教训，认真复习了，没想到连准考证也丢了，我真不希望考试不及格。"

"你知道为什么倒霉的事情会一件接一件吗？这种情况不仅在你身上发生过，生活中很多人都有过这样的体验。"

"应该是心理原因吧。"

"说对了一些。当一件倒霉的事情发生时，你会怎么想？"

"这么倒霉。"

"你的情绪会怎样？"

"比较低落，心里很郁闷。"

"当一件倒霉的事情发生时，你会心情低落，带着消极的想法去面对接下来发生的事情，甚至会给自己心理暗示：接下来可能要碰到一系列倒霉的事情。在这种状态下，你若真的碰到一些事情，自然而然就会消极、主观地去对待，行为也会缺乏理性。于是，你就会发现倒霉的事情真的发生了，你的预感也应验了。最近你认为倒霉的事情是不是就这样发生了？"

"游戏币被盗后，我心里很难过，用了很多办法想找回来，结果电脑蓝屏了。当时也没有想到是机箱的问题，就急急忙忙地拿去修了，是太着急了。"

"所以，不良的情绪影响了你的处事能力。或许准考证还在书包里或者家里的某个角落放着呢。"

"也有可能，但我担心找不到，所以还是想先补办了再说。"

"你这样的处理方式是对的。但问题是，你担心倒霉的事情会继续发生，整天担心考试不及格，你还能认真复习吗？"

"根本静不下心来，很烦躁。"

"其实，倒霉的事儿未必会接二连三地发生。如果真的发生了，是因为倒霉的事儿导致的糟糕情绪干扰你做好后面的事情，从而让一些事情不能很好地发展，情绪更加糟糕，最终进入恶性循环。这样的解释，你觉得怎么样？"

"感觉就是我最近的状态。"

"所以，你越担心倒霉的事儿接二连三地发生，就越不能静下心来复习,那么,考试不及格的可能性也就会越大。"

"嗯。"小豪若有所思地点点头。

"你现在知道该怎么做了吗?"

"游戏币被盗让我更加下定决心戒掉打游戏这个爱好,其实也是件好事。电脑也没什么问题。补办准考证的事情,老师说问题不大,应该就没问题。刚才没收复习资料的事儿我也有错,而且男孩子不应该和女孩子斤斤计较,我会去道歉的。看来,问题没有那么严重。"说完这句话,他又深深地吐了一口气。

聆听手记

离考试仅有两天时间,小豪平时的学习成绩不错,只要及时调整好心理状态,通过考试就不会有任何问题。小豪正处于自责与恐惧的情绪中,我直接采用了理性情绪疗法帮助他理清思路,还原事情的真相,了解引发不良情绪的真正根源,从而改变他的认知,稳定他的情绪。

咨询结束前,我善意地提醒他,应端正学习态度,合理规划学习时间,养成良好的学习习惯,以避免此类事件再次发生。小豪如释重负,轻松地离开了心理咨询室。

3 申请留级的女生
——如何引导学生处理学业与恋爱的关系

"老师，我想申请留级，可以吗？"一个身材高挑的女生问我。

"为什么要申请留级？"我不解地问。

"我想重读高一。"她把手中的留级申请书交给我。

"你想重读高一？"我仍旧不解地问。

"是的。我想再读一次，会好好学习的，不会再这样失败。"她带着肯定的语气回答。

"是什么原因让你高一没读好呢？"我想找到她申请留级的原因。

"老师，我可以坐下来说吗？"她直截了当地问。

"当然，请坐，慢慢说。"我期待着。

女生名叫小卉，一年前，非常努力地考上了这所重点高中，开心了一段时间。但是，进入高一后，她几次的考试成绩亮起红灯，尝到了做差生的滋味，成绩不断下滑，找不到学习的快乐，感觉像挣扎在汪洋大海中的一叶小舟。

一天，小卉正无聊地坐在公园的球场边发呆时，一个熟悉的身影闯入了她的视线。小勇？果真是他，只见他抱着篮球，快步走入球场。小卉立刻回忆起两年前发生的事儿。小勇从外地转学来到班上，老师安排他成了小卉的同桌。小勇性格开朗，为人热情，幽默诙谐，常常逗得同学们开怀大笑。他学习成绩还不错，理科见长，文科薄弱，正好与小卉互补。同桌两年来他们相处愉快，互生好感。后来不知为什么，小勇的中考成绩很不理想，未能如愿进入重点高中。班级最后一次聚会他没有来，感觉他没有告别就失踪了。望着小勇的背影，小卉内心产生一阵莫名的冲动，想找他聊聊。于是，小卉向球场走去。小勇认出了小卉。小卉明显地感觉到小勇脸上掠过一丝尴尬，但很快又被热情掩盖了。

"你还好吗？"小勇首先开口。

"一般般。你呢？"小卉回应。

"我也不怎么样。"小勇无奈地说。

然后两人来到一家快餐店，各要了一杯饮料，边喝边聊。

小勇告诉小卉，中考失利后他进入了一所并不如意的学校，感受不到快乐，打球算是自己的最爱，在球场上可以消除心中的不快，所以每周末都来这里打球。

小卉告诉小勇，她虽然进入了理想的学校，但同样感受不到快乐，因为学习的压力让自己感到压抑。自己经常发呆，发呆时，不知道自己是谁，在哪里，有时感觉只有在虚无缥缈的梦中，才有一份幻想、一份自由。所以，周末也喜欢来公园里傻坐。

两人不约而同地从学习聊到了心情，聊到了不开心的原因。

小勇还告诉了小卉自己中考失利的真实原因。在紧张的复习迎考阶段，父母仍旧整天争吵不断，他根本无法安心学习。父母离婚后，他与母亲生活在一起，虽有母爱，但缺少父爱的家是不完整的。家庭的解体让他失去了安全感。中考失利后，他带着痛苦和羞愧的情绪离开母校，又带着自卑与愤怒的情绪升入高中。

小卉告诉小勇，她父母都在外地工作，自己常年被寄养在亲戚家里，过着寄人篱下的生活。在优秀的表姐面前，自己就像一个灰姑娘。中考时拼命努力，就是想给父母一个安慰，让他们看到自己的闪光点。但高中的学习成绩，让自己仅存的一点儿自信的火花渐渐熄灭。

聊到临近傍晚，两人才匆匆地交换了手机号码和QQ号后分手回家。

这一晚，两人的心情都不平静，两颗孤独的心似乎找到了倾诉的知音，似乎觅到了未来同行的伙伴。

于是，从那以后，小卉和小勇每周末下午都在公园篮球场边见面。在小勇的影响下，小卉也迷上了打篮球。

小卉每天都期盼周末能与小勇一起打球，每天都在 QQ 上与小勇聊天。渐渐地，因缺少关爱而变得冷漠的心复苏了，青春少女萌动的情被激活了。小卉沉迷于网上聊天、打球和约会中，没有心思读书，对自己的学习成绩快速下滑也视若无睹，只想通过这份炽热的恋情弥补缺失的亲情。

正当小卉陶醉在自我迷失的幻想中时，小勇却带来了让她从梦中惊醒的消息。

"我找到爸爸了！他在国外发展得不错，同意让我过去留学。我很快就要离开了。"小勇颇为得意地说。

"啊？！那我怎么办？"小卉脱口而出。

"我不想离开你，但我也离不开爸爸。我真的不想放弃出国的机会啊！"小勇说出了内心的真实想法。

小卉有一种掉入黑洞的感觉，眼前一片黑暗。她把自己关在家里，不上网，不打球，不上学，不找小勇。在经历了三天痛哭、失眠、绝食和反思等过程后，她终于打开房门，见到了上门家访的班主任。

班主任告诉小卉："在成长的过程中，每个人都可能遇到困难、磨难甚至灾难，但只要坚定生活的信念，明确人生的目标，寻求他人的支持，就一定可以获得成功。我们可以不优秀，但可以做到良好。"

"我们可以不优秀，但可以做到良好。"这句话渐渐地在小卉头脑中变得清晰起来。

"我怎样才能让自己做到良好呢？"小卉开始思考下一步该怎么办。经过三天的思考，小卉终于做出了三个决定。

第一，小勇要出国，这是没办法控制的事儿，接受事实，平静地与他告别，把那份感情埋在心底。

第二，新学期马上就要开学了，荒废的学业短时间内来不及补习，申请留级重新开始。

第三，下学期搬出亲戚家，到学校住宿。

小卉来我这里求助，主要是想确认她留级的决定是否合理。

我由衷地钦佩她，经历痛苦反思后获得领悟不容易。她真是一个有悟性、有能力的人。看着小卉的留级申请书，我告诉她，留级不是一个简单的决定，除了自己要有思想准备之外，还需要得到学校教务处的批准，并在教育局备案。留级与否需要谨慎，因为留级又会产生新的压力。

新学期开学典礼上，在高二年级的队列中，我见到了一张熟悉的面孔，她就是小卉。

聆听手记

在征得小卉同意后，我让她做了沙盘体验。她的沙盘作品呈现了这样一幅场景：两个天使与大量水果（苹果、香蕉、葡萄、橘子等）筑成一道彩虹。在彩虹上方是一个男孩儿和一个女孩儿，连接他们的是一个篮球；在彩虹下方是一对夫妻，连接他们的是一个小女孩儿。一家人的旁边蹲着一只张着嘴的白熊。与众不同的是，沙盘作品中的人不是站立的，而是躺着的，整个盘面中撒满了发亮的彩珠。

小卉告诉我，让所有人躺下，是想说明男孩儿、女孩儿、天使、彩虹、三口之家不在一个层面上。男孩儿、女孩儿与篮球是现实生活中的场景，三口之家是心中的渴望，而天使、水果与彩虹将他们分为天上和人间。

陷入早恋的小卉，内心非常渴望获得亲情，但白熊的存在暗示困难重重。她把男孩儿、女孩儿与篮球放到了天使之上，说明恋爱的感觉在她心中具有崇高的地位。这就是她潜意识中存在的渴望、困惑与冲突。大量发亮彩珠的出现，说明小卉心中有积极的一面，有许多美好的想法。重读的决定，也许正是其中最闪亮的一颗彩珠。

在教师的帮助下，小卉分析了留级的利弊，最终勇敢地选择面对困难与挫折，继续读高二。一次艰难的选择，也是一次人生的历练。相信今后小卉可以变得更理性、更成熟。

4 无法行走的数学高手
——如何引导学生走出自我认识的误区

开学第一天,校园里来了一群特殊的学生,他们是结伴来看望老师的往届生。曾经的少男少女,如今都已长成了英俊帅气的小伙子、亭亭玉立的大姑娘。他们的身影,在和煦的阳光下,显得动感十足;他们的笑声,穿透宁静的校园,传递着青春的激情。在他们快乐地涌向教师办公室的时候,我看见了一双熟悉的大眼睛,与她对视的瞬间,我的思绪回到了三年前。

三年前的一天,心理咨询室的门被三个女生敲开,两个女生搀扶一个面部表情痛苦的女生走了进来。"老师,您快帮帮她吧!"那两个女生用恳求的语气对我说。

还没等我问清情况,被搀扶的女生就哭着对我喊了起来:"老师,您救救我吧!"

我赶紧安排女生坐下。"你慢慢说,老师一定会帮你的。"她那双饱含泪水、充满忧虑的大眼睛,给我留下了深刻的印象。

经过交谈我了解到,女生名叫小玥,是一名成绩非常优秀的学生,目前正在读高三。她从小学到高中各科成绩在年级里一直是名列前茅。最令她自豪的是,同学们称她为"解题王",数学考试得满分对她来说是常有的事儿。所以,清华大学早已是她心中的目标。

高考日益临近,她的情绪变得紧张和压抑,这影响了她的学习状态。前不久,在一次数学模拟考试中,她居然被一道 5 分的小题难住了,思考了好久都没有结果。当她意识到"事情严重了,连一道小题我居然都解不出"时，时间已经整整过去了 25 分钟。看着还有整页的题目没做，她第一次感受到了什么是心慌意乱，无奈地放弃了这道题。

在挥之不去的阴影笼罩下，小玥再也无法平心静气地完成后面的题。当老师提醒大家还有最后 15 分钟时，她还有两道大题没有"开工"。"完了！我死定了！""这次是彻底考砸了！"这些消极的念头一下子塞满了她整个头脑。手发抖，脸刷白，心跳加剧，呼吸急促，大脑一片混沌，她在绝望中迎来了交卷的铃声。因为觉得自己无法面对同学、老师和家长，她两眼发直地瘫坐在座位上久久不愿离开。当时，她感觉腿和脚都不属于自己了，难以行走……

两天后，考试成绩出来了，结果可想而知。这次数学考试失利让小玥经受了难以承受的打击。更要命的是，她多年来的竞争对手——小梅这次的数学成绩高出小玥整整 50 分，这让小玥觉得无地自容。

这次的考试经历，让一贯以高才生自诩的小玥品尝到了失利的痛心和失落的悲伤，也打碎了她的"清华梦"。考试中的痛苦场景不断在她眼前回放，她害怕这样的情形会在高考时重现。一天天过去了，她不仅没能从考试失利的阴影中走出来，相反，自责和焦虑不断消磨她的意志，痛苦与绝望摧毁着她的自信心。

近几天，小玥发现自己两腿无力，需要他人搀扶才能行走。

她告诉我，前晚做了一个噩梦："我梦到我坐着轮椅去上学，在校门口遇到了一个陡坡，非常艰难地爬到一半后怎么也上不去了，眼看着就要滑下去，而下面居然是万丈深渊！我惊叫着：'救救我啊！救救我……'我被自己的叫声吓醒了。"

听完小玥对梦境的描述，我可以明显地感觉到，她对自己的能力与将要面临的高考存在十分严重的担忧与恐惧。校门口的陡坡，是对困难的暗示；"怎么也上不去""坐着轮椅去上学"，是对自己能力的暗示；"眼看着就要滑下去，而下面居然是万丈深渊"，是对前景不妙的暗示。

由此看来，小玥走入了自我认识的误区，出现了任意推断、过度引申、夸大事实等歪曲的认知。"这次数学考试考砸了，就说明我的数学能力有问题；数学能力有问题，高考就不可能考出好成绩；高考成绩不好，进清华大学就一定没有希望，我肯定完了！"这样的推论和想法把她吓得两腿发软，行走困难。于是，我的辅导就从训练独立行走开始。

我让搀扶小玥进门的两位女生将她扶起，我们一起慢慢地走向学校对面的公园。阳光下，老人们在健身，情侣们在散步，我们看到了幸福与和谐。草地上，孩子们在嬉戏，幼儿们在学步，我们感受到了轻松与快乐。"千米花道"景区的路边开满了各种花儿，我们陶醉在春风、阳光与花香中。此时我发现，小玥渐渐地放开了被搀扶的手，不知不觉中已经可以独立行走了。

"哎，你怎么不需要同学搀扶了？"我故作惊讶地问小玥。

"是啊！我也奇怪，这么多天来无法行走的腿怎么一下就恢复了？我可以自己行走了。"她认真地说。

"其实，你的腿一点儿问题都没有，而是你的潜意识不让你行走。失去自信的你，自然就没有勇气与力量独立行走，而是希望有人帮你走，这就是梦境中的轮椅。现在，你在公园里感受到的一切唤醒了你的理智。你感觉自己有能力去面对挫折，有力量去战胜困难了，对吗？"我充满信任地对小玥说。

小玥点点头认同了我的说法。"老师，那我怎样做才能对数学学习恢复自信呢？"她睁大眼睛急切地问。

"你数学能力很强，仍然是'解题王'。你认真回忆一下，那次数学考试是什么题目让你卡壳？考试失误是知识缺漏造成的，还是解题方法不当所致？遇到难以解出的题目时，你对慌乱的心情是否采取了有效的应对措施？"我的问题让小玥开始认真思考。

当小玥再一次用她那双大眼睛看着我时，我问她："想一想，这次'惊心动魄'的数学考试，对一贯稳操胜券的你来说，是灾难还是机遇？"

"老师，我懂了！"小玥离开时，她那双充满自信的大眼睛深深地印在了我的脑海中。

接下来每次高考模拟考试过后，我总能收到小玥发来的信息，报告她发挥稳定、成绩出色。在校园里偶尔遇到她，看到的也是她活泼开朗、积极自信的身影。当年 8 月，我终于收到了喜讯，小玥如愿地考入清华大学。我由衷地祝福她。

聆听手记

教师要提醒学生注意：考试时遇到难题、偏题甚至怪题，不要慌，千万不要采用"咬住题目不放，非解出来不可"的赌气式做法，因为这样做人容易钻牛角尖。考场上没有常胜将军，再厉害的高手也不可能百发百中。在考试过程中，假如遇到一道题 5 分钟还没有解题思路，需要有暂时放弃的心理准备；若 10 分钟还没有解题方法的话，那就必须放弃。等解完其他题目，若还有时间的话再回头处理此题。本案例中的小玥正是受到"解题王"美称的束缚，在"我怎么会有解不出的题目，一道小题将我难倒，我不就完了吗"的思想禁锢下，无法走出考试失利的阴影。

考试的目的是什么？不仅是检查我们掌握知识的水平与程度，也是训练我们的应试心态。考试出现失分正好可以让我们找到知识的缺漏与竞技能力的不足。我们应该感谢失误带给我们的教训，"吃一堑，长一智"，在无数次考试中磨炼意志，夯实基础，提高能力，完善本领。

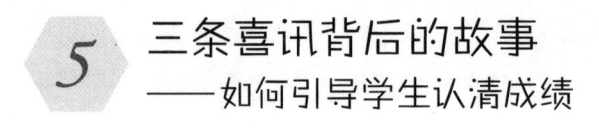

5 三条喜讯背后的故事
——如何引导学生认清成绩

每年 9 月,总有熟悉的学生离开,陌生的学生到来。我作为老师,在离别与相逢中度过了一年又一年。

高考成绩出来的那天,先后收到三位考生发来的喜讯,我很开心,由此也想起了喜讯背后的故事。

成绩忽上忽下的男生

小刚同学发来消息:

老师,您好!昨晚,我知道自己的高考成绩是 554 分的那一刻,真是万分高兴,万分激动。多亏您在我状态低迷时开导了我,让我渡过难关,走到了今天。这段人生的重要经历,我会永远铭记在心。我真心地希望,有更多迷失的孩子在您的鼓励下能找到正确的方向。最后祝您身体健康,万事如意,阖家幸福!

小刚是一位立志报考名校的优秀学生,但因为心里紧张,模拟考试成绩常常是起伏不定,若考试顺利,成绩则为波峰;若考试失误,成绩则为波谷,家长和老师都替他捏了把汗。发挥不稳定的问题一直让他感到十分焦虑。

在考前的心理咨询中,我问过他一个问题:"我感觉你每天都处于紧张状态，你究竟在担心什么？"

"我的学习成绩忽高忽低，很不稳定，如果高考时正好处于波谷状态，那前途就完了。"他担忧地说。

"考试时一般会出现超常发挥、正常发挥和失常发挥这三种情况。你希望自己高考时有怎样的表现？"

"当然是超常发挥，但我还是担心会发挥失常。"他很不自信地说。

"什么是超常发挥？就是有超过自己实际能力的表现，这是件非常困难的事儿，是小概率事件，更是可遇不可求的。你期待自己能超水平发挥，其实是在期待奇迹发生。我们在面对无法把握的事儿时，当然会出现心神不定的焦虑感。假如我们以平常心去对待，力求正常发挥，那便是完全有把握的事儿，就能做到胸有成竹。有了这份自信与沉着，就能避免发挥失常。凭你的学习基础、综合能力，只要保持正常发挥，理想大学的大门就会向你敞开，不是吗？"我一边分析他的情况，一边鼓励他。

考前我给他做了三个月的心理辅导，这天终于分享到他成功的喜悦。

我回复他："小刚同学，你好！收到了你的喜讯，分享了你的快乐，我真的很开心，衷心地祝福你。"

无助与绝望的女生

小洁同学发来消息：

老师，您好！报告您一个好消息，我查到高考成绩了，考了508分。真是令人兴奋，我能如愿进入师范院校，实现当教师的梦想啦！

想当初，我像是被困在汪洋大海中的一叶小舟，迷茫、无助又恐惧。通过几次心理咨询和做沙盘游戏，您发现了我深藏在心底的梦想——当一名教师。是您告诉我，该怎样为实现梦想而努力。

记得当时我在沙盘中央放了一艘大船，船上站着一位士兵，他拿着望远镜向着右前方的宝塔眺望。您让我给作品取个名字，我把它取名为"扬帆起航"。从那以后，那个沙盘作品就深深地印刻在我的脑海中，也时常出现在我眼前。

我清楚地记得，在我完成了沙盘作品后，您肯定地对我说："小洁，你已经扬帆起航了，我们的心理咨询可以结束了。"

谢谢您陪伴我度过高三最艰难的日子，激励我为实现自己的梦想开足马力前行。今天，我想告诉您，我用自己的行动完成了心中的沙画。

高二那年，小洁因病无法到校正常学习。不愿停止学习的她，想通过自学完成学业。尽管她非常努力，但仍有几门功课不及格。疾病的困扰与成绩的落后，严重摧毁了她的自信心。面对充满红字（不及格的分数）的成绩单，她既无助又绝望，萌发了轻生的念头。

家长打来电话求助，希望我帮助小洁早日摆脱困境。在征得小洁同意后，我为她做了为期6个月的心理辅导。

在心理辅导的过程中，我重点采用了沙盘疗法。

她的沙盘作品最初呈现的主题是迷茫、无助，渐渐地出现了希望和目标。当沙盘作品中出现了"扬帆起航"的主题时，我要求结束每周一次的心理咨询，改为不定期交流。我鼓励她要勇敢地、独立地应对高考挑战。

在临考前的15天，我通过电话与她交流，告诉她，我始终关注她并一直陪伴她，相信她能够正常发挥，实现梦想。

等待日出的男生

小孟同学发来消息：

老师，您好！学生在此向您报告高考成绩——裸分498分。哈哈，看来我的目标可以实现了，谢谢您的指导与鼓励。正像您说的，高考前夕，我正处于黎明到来前的黑暗中，仿佛征服顶峰前落入谷底。我只要增强信心，调整前进步伐，坚持努力，一定可以成功地登上顶峰。我现在能够清晰地领会您带我爬高山看日出的用意。我衷心地感谢您！

小孟是一位获得某重点大学自主招生加分的艺术特长生。考前他十分纠结：一方面想报考心仪已久的大学和专业，另一方面又因文化课成绩不佳而底气不足。通过近五个月的心理咨询，他明确了三个层次的努力目标，即保底目标——无奈的选择，现实目标——努力后能够达成的状态，理想目标——追寻的梦想。

为了激发他追求梦想的激情，我们相约去登山看日出。记得在等待太阳升起的时候，面对眼前的黑暗，他的情绪特别紧张与焦虑。不久东方渐渐地露白，黑暗中有亮光射出，但很快又被云层挡住了。

"太阳会出来吗？我能看到日出吗？"这是他当时说得最多的两句话。显然，他在怀疑，也在担心。

"不要着急，让我们一起等待，感受黎明前的黑暗。"我安慰他。

地平线渐渐发红了，越来越亮，喷薄而出的金色阳光让每个人都睁不开眼睛。整个山头被观看日出的人发出的尖叫声包围着，那种震撼人心的感觉让小孟难以忘怀。

"老师，现在我能感觉到什么是希望，什么是激情，什么是幸福了。"他当时兴奋地说。

我发现，自从观日出回来后，他的精神状态发生了很大的变化。我知道，他在为他的梦想努力。

聆听手记

三条喜讯背后是三个真实的咨询故事。小刚、小洁、小孟三名学生，每个人有着不一样的困惑与经历。令人欣喜的是，他们都通过心理辅导，走出了困境，找到了各自的目标。

小刚同学在升入高三前成绩不错，但为什么一进入高三，特别是在模拟考试中成绩会出现起伏不定的现象？说到底还是想赢怕输的思想在作怪。一心想超常发挥，其实是将自己的成功悬系在可遇不可求的小概率事件上，这是非常不可取的做法。

小洁同学信心不足，帮助她的关键是重塑自信。客观原因造成了学习上的困难，使她陷入自卑的境地。沙盘游戏让她发现了自己，突破了自己，整合了自己。所以，我只是一个陪伴者，分享她的感悟，鼓励她的变化，见证她的成长。

小孟同学属于中等生，学习基础不够扎实，目标不够清晰，在高考竞争中因压力过大而迷失自我。他在明确了三个层次目标的意义后，就能做到从高处着眼，从低处着手了。

6 偏科生与木桶效应
——如何帮助学生正确认识偏科

这天,心理咨询室来了一对夫妇,他们一进门还没坐定就急着说:"老师,我儿子今年读高三,眼看着高考临近,但他的学习成绩很不理想,真是急死人了!您能否给我们指点迷津?"

我听得一头雾水。他们孩子的问题是什么?成绩不理想到何种程度?到底是孩子着急,还是家长焦虑?

我先暂时稳定了两位家长的情绪,然后向他们提出了以下问题:"你们说儿子的学习成绩不理想,是指学习成绩差,还是指不够优秀?是指全部科目成绩差,还是个别科目成绩不佳?是指文科成绩差,还是理科成绩不佳?"

两位家长几乎抢着回答:"儿子文科成绩特别差,严重偏科。虽然理科成绩还不错,但总分不高,考理想的大学也没希望啊!"

现在我明白了家长的咨询目标是帮助孩子改变文理偏科的情况,顺利完成高考,进入理想的大学。

我又向家长提出问题:"你们的儿子对自己的学习成绩是如何评价的?他自己认定的理想成绩是怎样的?你们期望的理想成绩又是怎样的?"

爸爸回答说:"我儿子认为自己的成绩还可以,虽然文科弱一些,但数学和化学两门成绩在班里算是名列前茅的。我们认为,语文和外语也是非常重要的,希望他理科保持优秀水平,文科至少达到中上水平。"

"他心中的高考目标是什么?想进怎样的大学?读怎样的专业?你们的希望是什么?从他目前的学习成绩来看,与高考目标的差距到底有多大？我的意思是说，你们觉得根据孩子现在的水平和能力，他能考上怎样的大学？就读怎样的专业适合他今后的发展？"我问道。

妈妈思考了一会儿后对我说："我看他糊里糊涂的，并不清楚自己想考怎样的大学。我们希望他能够考上重点大学，进入热门专业，将来方便就业。究竟什么样的专业适合他还真没想过。"

"造成孩子学习成绩不理想的因素，你们认为是他的学习态度不够端正，还是学习基础不够扎实？是学习动力不足，还是学习能力有欠缺？"

面对我的连续提问，两位家长一脸茫然，他们承认确实没有很好地思考过这些问题。但他们反复强调，每天都在为孩子的高考操心与担忧。

这是一个典型的家庭心理辅导案例，一方面是家长过分焦虑，另一方面是孩子的高考目标不明确。所以，要帮助家长缓解焦虑，必须从了解孩子的需求，帮助其树立目标入手。

"现在我能做的不是给你们指点迷津，而是帮助你们的孩子了解现有基础，明确高考目标，提高学习能力，突破偏科障碍，争取进入最适合他发展的大学和专业。"

随后，我见到了他们的儿子小华。

"听你父母说你的理科成绩很棒，文科成绩较弱，是这样吗？"我很直接地问。

"嗯，我的理科成绩一直不错，但文科成绩差些。虽然我是理科班学生，高考肯定报考理工科院校，但语文和外语在高考中占了很大比重，偏科会严重影响高考总成绩。我的文、理科成绩失衡让爸妈担心、老师不满，我自己也很无奈。"他没精打采地回答。

其实，在学校里这样的学生并不少见，学生或多或少都存在各科成绩不均衡的现象。造成学生偏科的因素有很多，我想知道他的原因是什么。

"你能分析一下造成自己偏科的原因吗？"我对他说。

"也许是天生的吧。记得上幼儿园时，我就不太喜欢读儿歌、讲故事。这些一般都是女孩子比较强，老师总是给背得又快又好的女孩子发小红花，我从来没有得到过。所以，我最讨厌讲故事比赛。我比较喜欢算术和玩变形金刚，有时也会得到老师的表扬。进入小学后，数学考试我总能得班级第一，初中时我更是成为理科高手。但因为常常被语文和外语老师罚课后默写和背诵，我就越来越讨厌文科了。现在我心里很清楚，参加高考，文、理科都重要，但就是无法改变偏科的现状。"他很无奈地说。

我向他讲解了左、右脑理论。脑分为左脑和右脑两部分。左脑与右脑形状相同，功能却大不一样，左、右脑有各自独立的意识活动。左脑主要控制知识、判断、思考等，倾向于语言思维；右脑自动处理信息，并衍生出创造性的信息，更倾向于感觉形象、直觉思维。

研究发现，较多地使用左脑的学生，爱用言语、逻辑方式处理信息；较多地使用右脑的学生，空间概念较强，喜欢以直觉方式处理信息。因此，学生出现文理偏科现象，从某种程度上来说，与其左、右脑的开发、利用有关。

接着，我向他介绍了"木桶理论"。所谓木桶理论就是短板效应。一个木桶能盛多少水，并不取决于桶壁上最长的那块木块，而恰恰取决于桶壁上最短的那块。因此，家长和老师都为成绩偏科的孩子捏把汗，担心孩子因某科成绩不理想，导致孩子高考"全军覆没"。

"你怎么看自己的短板效应？"我问。

"我知道自己有短板，也害怕短板效应让我高考失利。我想制订一个短板提升计划，补习语文和外语。希望能保持强项，改变弱项。"他有了一些信心。

"看到你有目标、有信心提升短板，真是很高兴。老师还想告诉你关于木桶理论的许多演变理论，如木桶的储物量除了取决于最短的那块木板的高度外，还取决于木桶直径的大小、木桶的形状、木桶使用时的状态，等等。也就是说，要想让木桶多装水或其他物质，一种思路是提升木桶短板的高度，另一种思路是改变木桶的形状或大小。所以，你既可以考虑提高自己的学习成绩，也可以努力优化自己的综合能力。我们既可以取长补短，也可以扬长避短。"我启发他从不同方面改变自己。

"老师，我明白了。我并不会因为文理偏科就感觉前途渺茫，只要自己能把握好，机会还是很多的。"他有点儿兴奋地说。

我给他讲了一个真实的故事。有一名重点中学重点班的学生，他的理科成绩如数学、化学比较优秀，而文科成绩如语文、外语比较差。高中三年，他始终维持这种偏科状态。老师着急，家长更着急，就他不着急。老师和家长想到了短板效应可能带来的不良后果，劝他赶紧"弃长补短"，用更多的时间与精力补习语文、外语。但他的想法是扬长避短，让自己的强项更强，对弱项尽力而为。他清楚地知道自己的兴趣与特长，知道自己在文、理科上有很大区别，在识记能力、表达能力与逻辑分析能力、空间想象能力上有强弱之分。他对自己提出的目标是，承认"短腿"（指文科弱项）的事实，让其加长当然更好；保持"长腿"（指理科强项）的优势，让其更长决不放弃。

当老师和家长批评他学习语文、外语不够勤奋、刻苦，所以成绩极差时，他自信而乐观地认为："不是自己学得一塌糊涂，而是同学水平高。"身处重点班级，与优秀同学相比他的弱项就显得更加突出。他用自己的强项，自信地在班上占得了"好学生"的一席之地；他用自己的理智，乐观地在班上维持"差生"的尴尬角色。"长腿"为他带来了荣誉：他获得了上海市青少年科技创新大赛优秀科技论文一等奖、上海市青少年应用化学与技能竞赛一等奖。"长腿效应"使他有信心把有效的学习方法、学习能力迁移到弱项学科的补习与提高中去。他跨越了一个较高的门槛，在某大学自主招生时，被顺利录取。

"现在，该如何面对偏科这个问题你已经很明白了，但我还有问题想问，你想过自己的高考目标吗？不是考多少分，而是希望进入哪所大学，读什么专业，将来从事何种职业。"我严肃地问，希望引起他的思考。

"说实话，我没有考虑那么多，总以为考到什么分数就进什么学校，最好是家长期望的重点大学、热门专业。"他坦率地回答。

我说："以前没有想过，现在开始想还来得及。只有当你有了明确而具体的高考目标时，学习的动力才能被激发出来。希望你回家后，与父母一起商量，尽早确定自己的目标。"他点头答应了。

聆听手记

孩子出现偏科现象，家长总是十分着急但又爱莫能助。家长常常要求孩子放弃对原有"长板"的维护，尽可能地提升"短板"的高度。其实，这种做法是"弃长补短"的短期获利行为。短时间内也许弱项科目的分数提高了，"短板"似乎补长了，但原来强项科目的成绩却可能会下降，"长板"也随之消失。从长远看，孩子对弱项科目的学习并不会因此而产生积极性，而强项科目成绩的下降，倒会让其优越感消失。用抑制强项发展而得到的弱项强化，只会让孩子的学习积极性备受打击，最后强项不强，弱项更弱。

本案例给了我们一个启发，孩子存在偏科现象是正常的，家长应该尊重客观事实，帮助孩子客观地评价自己。要扬长避短而不是"弃长补短"，要通过提升孩子的"长腿效应"来优化他的"短腿功能"。

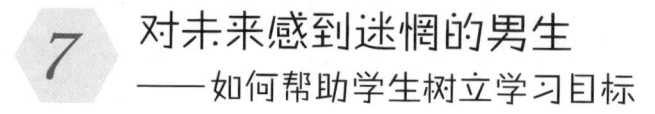

7 对未来感到迷惘的男生
——如何帮助学生树立学习目标

这天,我接待了一家三口做心理咨询。此前,孩子的爸爸在电话中描述了他眼中一无是处的儿子。

"余数,快进来,见见老师。"爸爸用命令的口吻在门口说道。

这时,我才发现一个皮肤白净、目光警觉的大男孩儿出现在门口。

"儿子,好好参观一下。你看这里环境优美,设施一流。你如果能来这样的学校读书真是太幸福啦!"妈妈主动对儿子介绍。

我明白了,原来这对父母对孩子说要参观一所新学校,并没有告诉他实际是来做心理咨询的。于是,我干脆当起了讲解员,带一家人楼上楼下参观,介绍了心理咨询中心的多种设施。余数饶有兴致地参观了每个功能室,他最感兴趣的是宣泄室,并征询我能否体验一下。在我的许可下,他一个人留在了宣泄室。15分钟后,他打开门走了出来。

我问他:"感觉如何?"

他肯定地回答:"爽!"

他爸爸找借口离开了咨询室,他妈妈说去一趟卫生间也离开了我们。这时咨询室里只剩下我与余数两个人。因为他没有做心理咨询的愿望和准备,所以,我只能从参观的感想谈起。"参观了这里,你有何感想?"他摇摇头,不说话。

"你摇头想表达什么?不知道?没感觉?不喜欢?还是不想谈?"我进一步追问。

"我爸妈怎么还没回来?"余数问我。

"爸妈不在身边，你是不习惯还是有点儿害怕？"我问。

"我不知道他们把我一个人留在这里算是什么意思！"他略显不安地站起身来，准备离开。

"他们很快会回来，你再等一下，我们可以随便聊聊啊。"我一边安慰他，一边稳住他。

"我不知道可以聊什么。"他茫然地说。

"你平时有什么特长、爱好？除了读书之外，对哪些事儿最感兴趣？"我开导他。

"我喜欢下棋，会吹萨克斯。小时候练过书法，弹过钢琴。"他一一报出。

"你太厉害了，真是文武双全啊！"我有些惊讶地说。

眼前这个小伙子，与他爸爸向我描述的一无是处的形象根本不吻合。为什么孩子的自我评价与父母对他的评价相差甚远？因为很多家长常常把孩子的学习成绩放在首位，成绩成为评价孩子最重要的甚至是唯一的标准。我想了解一下余数的学习情况，看是否可以找到产生评价差异的原因。

"最近，高一年级的学生都在参加学业考试，你考得如何？"我小心地把话题转到学习上来。

"不知道。"他小声地说。

"你不知道自己的考试成绩？"我问。

"我没有参加考试。"他还是小声地回答。

"为什么？据我所知，不参加学业考试，无法参加高考。"我惊讶地问。

"爸妈说我不能在上海参加高考，必须回老家，但也不知道回老家后能不能考。"他一脸茫然。

此时，我意识到，他的问题可能就出在对未来的未知上。没有目标哪来希望？没有希望谈何动力？没有动力怎会努力？没有努力谈何收获？

此刻，我非常想找他的父母谈谈，了解他们的教养方式和孩子的成长经历。

"我想与你父母聊聊,你能联系他们吗?"我问。

"我去找他们。"他像得到解脱似的跑了出去。

其实,余数父母并未走远,只是想创造机会,让我与孩子单独谈谈。

余数的父母告诉我,余数没有上海户口,不能在上海参加高考,因为他是超生的,也不知道是否可以在老家河北参加高考。他们有了一个女儿后,因为爷爷、奶奶盼望有个孙子,所以,偷偷地生了余数。他俩怕因违反计划生育政策被处罚,所以,一直以来他们对余数的身世总是十分谨慎地隐瞒。只要有陌生人来敲门,他们的第一反应就是对他说:"快!藏起来。"有时为了躲避检查,他就被送到乡下亲戚家寄养。他问他们很多次:"为什么我要躲起来,而姐姐就不需要?"为了保险起见,他们从没告诉过他真正的原因。

后来他们把儿子带到上海,想方设法让他进入名校读高中,希望他在一流的学习环境中有更好的发展。但令人失望的是,他自我封闭了,不与同学来往,不与老师交流,学习成绩越来越差,期末考试各科成绩全部亮起了红灯。他的智商肯定没有问题,但不知道为什么学习成绩这么糟糕。

我告诉余数的父母,家长总以为送孩子进入名校学习,孩子自然就能成为优秀学生。其实,更重要的是,我们要关注孩子在面对新城市、新学校、新同学和老师时,能否融合;在面对新教材、新课堂、新教学方式时,能否适应;在遇到困难与不适时,能否找到求助的对象和突破的方法;在遭遇挫折与打击时,能否获得勇气和力量。

余数进入名校后,遇到了前所未有的困难和挑战,父母的付出与期望对他来说是极大的压力。一个不知道自己未来在哪里的人,是不可能有追求目标的勇气和意志力的;一个不知道自己的能力和优势在哪里的人,是不可能有信心和自制力的。

我把余数请回心理咨询室,面对一家人,我对他的爸爸、妈妈说:"现在,我向你们提一个要求,各自说出儿子的三个优点。"

思考了大约5分钟后,余数的爸爸说:"我觉得儿子下棋水平还可以,国际象棋、围棋都懂几招。他萨克斯吹得也不错,在学校演出时受到大家的好评。电脑技术也可以，能当我的老师。"

听完丈夫对儿子的夸奖，余数的妈妈接着说："我觉得儿子很懂事，每到我过生日时，他总会给我准备小礼物。他生活基本能自理，在老家住读期间，衣服都是自己洗的，从来不带回家麻烦家人。还有，我觉得儿子很有孝心，对长辈有礼貌，从上海回老家总要给爷爷、奶奶带礼物。"

我说："拥有这样一个儿子你们还不满足吗？孩子身上可能有一些问题，但该检讨的可能是家长。我的建议是，尽快解决孩子的户口问题，落实高考归属地；帮孩子树立目标，在学习上查漏补缺，让孩子更有底气面对高考，更有信心迎接考试。相信他是一个出色的孩子，可以像父母一样取得成功。"

咨询结束后，一家人迈着轻松的步伐离开了。

聆听手记

我们发现，生活中不少成功人士的子女，并不像家长预期的那么优秀。由于家庭教育中存在问题，孩子的成长受到影响，孩子的发展受到制约。

在孩子期末考试成绩出现"红灯高挂"时，焦虑的家长常常把原因归结为孩子学习不认真、目标不明确、自制力不强等，但事实可能并非如此。我们分析一下余数的成长经历，就可以看到父母对他倾注了大量心血。他能文能武，这离不开父母的精心培养。孝敬长辈的品质和独立自理的能力也是父母言传身教、家庭教育潜移默化的结果。但作为超生的孩子，他从小就处于缺乏安全感的环境中，因此难以对他人敞开胸怀，也是情理之中的事儿。

家长主动求助，希望教师为孩子的问题把脉。教师在帮助学生的同时，也要让家长看到家庭教育中的不足。改善成长环境，改变家长行为，才是解决学生问题的关键。

8 她为何要放弃高考
——如何引导学生理性对待高考

一天,我去一所艺术特色学校联系工作,在教学大楼的走廊上遇到一个冒失鬼。她撞落了我手中的拎包,连一句表达歉意的话都没有。我轻声对她说:"同学,以后走路要小心哦!"

她瞪大眼睛对我说:"你怎么知道我走路不小心?"

看着她既愤怒又委屈的样子,我只能无趣地对自己说:"这孩子让人看不懂啊!"

几天后,该校的美术教师熊老师前来求助。他对我讲了他的困惑,他的一个女学生绘画很有天分,多次在国家级的绘画比赛中取得了骄人的成绩。但最近不知什么原因,她对人态度冷漠,常莫名其妙地发火。有同学反映,她常一个人在教学大楼顶楼的栏杆边发呆。

同学们都准备艺术专业考试,而她却说要放弃艺术专业考试。

熊老师对她说:"放弃艺术专业考试,就意味着放弃高考,这是非常重大的决定,你父母知道吗?"

她肯定地回答:"我自己做的决定,与他们没有一点儿关系。"

"我不知道这个女生的心理出现了什么状况。她辛辛苦苦学习美术好多年,绘画功底很不错,就这么放弃艺术专业考试实在太可惜了!我觉得她的决定是轻率、冲动的,我怎样才可以说服她,让她改变不理智的决定呢?"熊老师着急地问我。

这个女生的表现确实令人费解,但熊老师的想法也需要指导。

"熊老师,你的心情我理解。但你是否想过她为什么要放弃高考?在你看来，高考重于一切；但对她来说，是否出现了比高考更重要的事情？我们可以帮助学生面对问题，但无法替代学生做最后的决定。"我从心理咨询专业的角度劝告熊老师。

"如果你真想帮助这个女生，就去了解一下她的生活中是否发生了什么重要的事情，影响了她的学习、生活、情绪和未来发展的目标。"我真诚地向熊老师提出建议。

大约一周后，熊老师打电话告诉我："我找到原因了。如你所料，那个女生家里确实发生了一件大事，她父母最近离婚了。这件事对她打击很大，不仅影响了她的情绪，也影响了她对高考的态度。我希望她不要冲动地放弃高考，您说我应该怎么做？"

"我想她有必要接受一次专业的心理辅导。要让她理性地对待已经发生的事儿，从对父母行为的愤恨、对家庭破碎的失望和对自己未来的轻率态度中走出来，仅凭你的同情和开导是远远不够的。"

令人欣慰的是，在熊老师的真诚劝导下，女生终于来求助。

女生一进门，我就认出她是上次在学校走廊上撞掉我拎包的那个冒失鬼。女生看到我后惊讶地说："老师，我好像在哪儿见过您？"

"是吗？你好好想想是在哪儿呢？"我装作不认识她。

"噢，想起来了，有一次在我们学校走廊上我撞了您。我当时心情不好，真对不起哦！"她略显尴尬地说。

"我也想起来了，原来是你啊！我当时就有一点儿疑惑，感觉你一定有心事，所以情绪比较暴躁，对吗？既然今天你来了，是否可以告诉我，你遇到了什么烦心事？"我耐心地问。

"老师，熊老师没跟您说我的情况吗？"

"他只告诉我你要放弃艺术专业考试，他很着急。此刻我最想听的是你自己的解释。"

女生说出了自己的成长故事："我出生在一个知识分子家庭，爸爸、妈妈都是大学教师。爸爸从事艺术教育工作，妈妈从事化工研究工作，两个人在性格和工作特点上有差异，所以常常发生争执。小时候，爸爸对我说：'你长大一定要当一名艺术家。'妈妈对我说：'你长大一定要当科学家。'其实，不论是艺术家还是科学家，都离我非常遥远。我遗传了爸爸的艺术天赋，很喜欢画画，还获得过全国青少年绘画比赛一等奖。从小学到初中，我的数学成绩都很一般，这让妈妈很失望。但语文成绩比较出色，这让爸爸特别得意。

"进入高中后，全家人认真讨论后一致决定让我报考美术院校，将来当一名画家。但最近发生的一件事，让我无法安心学习，我不想当画家了。"

"究竟发生了什么事儿，对你影响这么大？能说说吗？"我恳切地问。

"这件事让我难以启齿。总之我的家散了，我的梦碎了。"女生流着泪说。

"是爸爸的过错导致的吗？"我问。

"是的。爸爸出轨了，他与艺术院校的女研究生发生了不该发生的事儿，这让我想起来就觉得恶心。在父母签离婚协议书时，我选择让妈妈做监护人。爸爸的错让我很失望、很痛苦。为了报复他，让他的希望彻底破灭，我决定放弃报考艺术院校。但我不知道，我还可以考什么。我被他毁了，我恨他，也恨这个支离破碎的家。"她的情绪有点儿失控。

女生的决定是残酷的，不仅让父亲绝望，也让母亲失望，但最受伤的还是她自己。如何让女生尽快平复心情，理性地对待父亲，慎重地决定自己的未来，沉着地应对高考，这些都是心理辅导中需要关注的问题。

"现在，我们需要面对两件事：一是如何对待爸爸，二是如何对待高考。对吗？"我将问题聚焦。

我给女生提了几条建议："第一，报复他人，伤害自己，绝对是不理智的行为。第二，爸爸的愿望是让你当个画家，那你自己的理想是什么？如果你也想当个画家，那么报考艺术院校是正确的选择，这与爸爸没有必然联系，你应该坚持自己的梦想。第三，在事情发生后，每个人都有相应的情绪表现，如焦虑、沮丧、失落、愤怒、痛苦等，但时间是一剂良药，可以让心灵的创伤得到修复。人在思考中成熟，在等待中成长，在求助中顿悟，相信你也可以走出心理阴霾。"

女生若有所思地点点头："老师，让我好好想一想，我还会来找您的，谢谢！"望着女生离去的背影，我感觉有一种修复的力量在她身体内流动。

第二天，熊老师告诉我，那个女生决定报名参加艺术专业考试了。

女生能够重新做出理性的决定，这让我与熊老师都很高兴，但修复心灵的过程并没有这么简单，我期待她再次来访。

"老师，我能带妈妈一起来做心理咨询吗？"一周后，女生给我发来消息。

"好啊，我期待你们一起来。"我略带兴奋地回应并约定见面时间。

女生与她妈妈如约出现在心理咨询室，在沙发上坐定后，我问："两位今天有怎样的求助期待？"

"老师，我女儿已经决定报名参加艺术专业考试了，我该怎么做才能帮助她尽快从对父亲的怨恨中走出来，集中精力复习？"妈妈焦虑不安地问。

"女儿怨恨父亲这很正常，因为她认为是父亲的过错摧毁了家庭的幸福。但您是否想过，女儿的这种情绪与母亲也有关系？也就是说，女儿对母亲是否存在一点儿埋怨和失望呢？"我提出的问题让这位母亲若有所思。

同样，我也问了女生一些问题请她思考："爸爸让你失望、痛苦，那妈妈给你的感觉是什么？是信心？是温暖？还是……"

女生的妈妈说："我总以为自己是受害者，所以，常常在女儿面前揭发前夫的罪恶，发泄对他的愤恨之情。现在想来，是我的坏情绪严重地影响了女儿的情绪。"

"您是否想过，在全盘否定前夫的同时，您的言行也隐约地伤害到了女儿的内心？因为这个男人是她的爸爸，谁愿意接受这样的爸爸呢？要想让女儿集中精力学习，就要为她创造一个安全、温馨、宁静的环境。爸爸的离开是无法改变的事实，妈妈的陪伴就显得加倍重要。这种陪伴不仅是时间上和空间上的，更是心灵上的。您是否可以用关注替代抱怨，用大爱融化仇恨，让女儿理性、坚定地迎接高考呢？"

听了我的一席话，妈妈有所感悟。

我对女生说："爸爸虽然有错，但绝不是十恶不赦，可以记住他曾经对你的爱。妈妈也有不足，但不是伤害你的人，应该感谢她对你付出的爱。离婚是父母的决定，对你来说，父爱和母爱仍然存在，你并不是孤独的缺少爱的女孩儿。希望你在接受他们的爱的同时，用自己的行动报答他们的爱。希望你能努力实现父母的愿望，当然也是你自己的人生梦想。"

几个月后的一天，女生与她妈妈拿着一所著名美术大学的录取通知书来心理咨询中心找我。这既是一份感谢，也是一次告别。

聆听手记

高考是人生中一件非常重要的事儿，也是家庭的核心事件。本案例中的女生在艺术专业考试前夕决意放弃考试，让老师着急，家长担忧。帮助女生理性、慎重地对待高考，成了老师与家长的共同目标。

虽说离婚是父母的事儿，但对子女的伤害很可能是一生的。教师应引导学生理性思考，谨慎地做决定，沉着地应对现实，引导学生用理解替代指责，用宽容包容过失，用大爱创造美好。

9 "考不上本科是很丢脸的"
——如何引导学生缓解成绩带来的压力

每逢新生入校时,我都会从中招募心理社团成员,通过培训,指导他们掌握一些助人的知识和方法,成为校园里的"心灵使者"。这些"心理小骨干"会默默地帮助班级同学,将可能需要心理专业人员介入的伙伴的信息提供给心理教师,还会陪着身边有困惑的伙伴走进心理咨询中心。小婷就是心理小骨干小萍和小静提醒我需要关注,并带来做心理咨询的一个女孩儿。

"老师,我们班的小婷刚才在教室里哭了。最近几天她精神状态都不太好,而且我们发现小婷有伤害自己的行为。"小萍反映说,小静在旁边使劲儿点头。

小婷?!我脑中立刻浮现出一个身材娇小的女孩儿。"哦?你们有什么依据吗?"听说小婷有自残行为,我立刻警觉起来,进一步核实信息。

"她心情不好的时候会割手腕,手臂上还有疤痕。"小萍肯定地说。

"你们知道是什么原因吗?"我追问道。

"最近一次好像是因为考试成绩不理想,但具体是什么原因,我们也不清楚。"小静解释。

"我知道了。我会想办法找机会和她聊聊的,这事儿你们别告诉其他同学,同时也要麻烦你们最近多留心小婷的言行,多关心她,有什么情况及时和我沟通。如果我不在学校,及时找班主任。"我叮嘱她们。

在心理咨询中我经常遇到学生由于学业成绩不理想而产生的情绪问题,为此,学校为我开放了学生成绩管理系统,我可以查阅每位学生每门学科的成绩。在高一第一节心理课上，我曾和学生提及，如果可以在学习方法上给某位同学一些提醒或者建议的话，我会主动找他沟通，学生也很乐意，而这也成为我主动邀请学生来心理咨询中心的方式之一。

我查阅了小婷入学后的两次重要考试情况，第一次月考成绩不理想，多门学科成绩不及格；期中考试只有英语、历史和政治三门学科及格，化学成绩则是年级最低分。

为了了解小婷的更多信息，我找到了小婷的班主任。班主任反映，小婷性格内向，但对同学很友善，人际关系不错；绘画能力不错，班里的黑板报、体育节的宣传海报很多都是她的佳作；学习很用功，但成绩不理想，平时在班里还经常有精神恍惚的情况。如果未来一年多的时间里她的学习成绩仍没有进步，她考上本科的可能性就不大。同时，班主任也反映，虽然小婷平时也会笑，但总觉得她笑得很勉强，感觉这个柔弱的女孩儿藏着心事。

尽管开学至今已经上了几节心理课，但我依然担心贸然出现在班级门口约见一名学生的行为会引起其他同学不必要的议论，因此我让小静代我约小婷，理由是我看到她的成绩后，想和她聊聊。

中午，小婷如约而至。"小婷，进来吧！"我起身迎接她，右手轻轻地搭在她的肩上，把她领到沙发边让她坐下。"知道老师今天找你来因为什么吗？"

"应该是学习问题吧，其他的我好像都还好，没什么问题。"小婷低声回答。

"嗯，这两天你们的期中考试成绩陆续出来了，我发现你的成绩不理想，而你平时给人留下的印象是学习挺努力的，所以我想看看能否帮到你。"

"我的压力很大，这次考试只有英语、历史和政治及格了。今天知道了化学成绩，年级第一，倒数的，刚才在班里忍不住哭了。"一说到这儿，小婷的眼泪就流了下来。

我赶紧抽出纸巾递给她，一只手轻轻地拍着她的肩。

"我觉得高中的学习真的很辛苦。平时早一点儿的话10点多完成作业，晚一点儿做到12点左右。刚上课的时候精神好一点儿，但是，上了一段时间后就想睡觉。"

"看得出你真的非常努力了，那你有没有想过接下来怎么办？"

"我也说不清楚。我觉得很对不起爸妈，尤其是爸爸。爸爸对我很宽容，以前成绩不理想时，爸爸一直说没关系，一直鼓励我继续努力。但是，妈妈不一样。她说如果考不上本科，就不让我继续读书了。今年夏天，妈妈拿着公布了考上大专学生名单的报纸在那儿看，很不屑地说了句'考上本科登出来还可以，考上大专还好意思登出来'。我真的不知道该怎么和他们说，感觉自己根本没有希望考上大学。"

"看来他们对你学习的态度反差比较大，真的让你觉得挺为难的，尤其是妈妈说了那样的话，我想一定给了你不少压力。这些压力在推动你努力学习的同时，是不是也会干扰你学习呢？"既然小婷谈到了压力、恐惧，我想我可以把话题往情绪调节方向引导，而这也是我觉得目前对小婷来说最重要的问题。

"嗯。在我妈眼里，考不上本科是很丢脸的。当时我听她说完那句话就很害怕，成绩不理想也不敢和他们说。"

"不敢和爸妈说，那你心情不好时怎么办呢？"

"以前是哭，哭完之后会感觉轻松一些，但刚才哭的时候有同学笑话我，说哭是不坚强的表现，所以以后还是尽量别在外人面前哭。在家时我还会把筷子扔到厨房的地上，然后扔进垃圾桶。但筷子少得多的话爸妈可能会发现。我还会在一张纸上涂鸦。这些都会让我感觉稍微好一点儿，但也没什么用。"说到这儿，她叹了口气。

"还有没有尝试过其他办法，能让你觉得心情好一些的？"我追问。

小婷抬起头看着我，我相信她也意识到了什么。

"我听说你在不开心的时候还会伤害自己，有这种情况吗？"

小婷抿了抿嘴，无奈地笑了。

"刚才怎么不告诉老师呢？"

"我怕您说我心理有问题。"

"傻孩子，"我心疼地说，"能让老师看看伤口吗？"

小婷挽起白衬衫的袖子，白嫩的手臂上，六条细长的疤痕已经结起褐色的痂，显得那么刺眼。

"还疼吗？"我摸着那些疤痕问。

"不疼了。"小婷的眼泪止不住地往下流。也许我是第一个如此清晰地看到她全部伤痕的人，第一个抚摸她伤痛的人。

"哭吧，没事。哭不是懦弱，在这里你可以尽情地哭。"我想这时她痛快地哭一场比什么都重要。

"以前没这么做过。开学后第一次月考成绩不好，心里很难受，正好看到圆规在身边，就拿起来划。也想过是不是可以拿东西打自己，比如说尺子，但我怕疼。用圆规划，划得不深，只是划完后疼，但心里会舒服一些。"小婷一边哭一边说。

安抚完小婷后，我告诉小婷伤害自己是消极的宣泄情绪的方法，因为一次自残的安慰效果不会持久，没多久她可能就会再次做出自残行为，而这对解决学业上的问题并没有帮助。小婷表示，以后不会再那么傻了，她会通过涂鸦的方式来调节情绪，如果觉得有必要，就会找班里的心理小骨干或者来心理咨询中心求助。

在之后的日子里，小婷的脸上渐渐地重新有了笑容。班主任让小婷发挥她的文科特长和绘画特长，小婷从老师那里得到了充分的肯定，在班里也和同学们相处融洽。小婷的父母在屡次的家校沟通中了解到女儿有不错的美术功底。在高中最后一年，小婷进入了学校的艺术班。经过一年的努力，小婷如愿考上了本科。

聆听手记

有调查数据显示，感情问题、学习压力、父母离异、家庭生活不幸以及受别人影响、好奇心驱使等，是青少年自残的主要原因。

有的孩子用刀片伤害身体，轻一点儿的在手背上划，重的在肉多的地方划，更严重的用烟头烫。如果不是亲眼看到那些用利器割的伤痕，真的很难将它们跟这些花季少年联系起来。是什么原因让他们选择用伤害自己的方式缓解心中的烦恼和负面情绪？有一部分青少年承认是受到了不良认知的影响。他们认为这些举动是一种"酷"的表现，但实际上这是一种残酷。这些少年渴望与人沟通和交流，渴望被人理解与关注，渴望成功与被他人肯定。他们若无法从家长、同伴、师友处满足这些情感诉求，就可能会采取自残的方式转移心中的压力。

"考上本科登出来还可以，考上大专还好意思登出来"，母亲无意间的一句话让小婷心生恐惧。因努力后学习成绩依旧不理想，内向的小婷无处诉说，于是就通过肉体上的痛苦来抵消心理上的痛苦。正如一位有过自残经历的少年所说，"看着殷红的鲜血缓缓地流出来，什么烦恼都退得远远的"。

然而，自残是消极的抵抗压力的方式，是对肉体和精神的双重虐待，肉体上的痛苦是暂时的，但精神上的伤害却可能是永久的。自残不仅伤害自己，对亲人亦是一种伤害。《孝经》有云："身体发肤，受之父母，不敢毁伤，孝之始也。"孩子们，请善待自己的身体，善待自己，善待爱你的人。

10 留级生的烦恼
—— 如何帮助学生面对留级

六月的最后一周，期末考试成绩、学年总评、高考成绩陆续发布，真是几家欢喜几家愁。每到这时，由于学业成绩不理想而来咨询的人数是平时的两三倍。这次谁会是第一个来咨询的呢？

年轻的班主任王老师的来电打断了我的思绪。

"我们班的女生小莹是去年留级的，今年她虽然学习很努力，但成绩还是不理想，5门科目不及格。按照学籍管理规定，她没有补考的机会，直接留级。刚刚和她谈了好久，但她无法接受，她想和您聊聊。"王老师十分担忧地说。

"可以，我有空，让她过来吧。"挂了电话，我静静地等着小莹。看着当初和自己一起入学的同学一个个升入高年级甚至欢欢喜喜地毕业，该是怎样的心情？正思索着，敲门声响起。

两个女孩儿手牵着手站在门口，个儿高些的女孩儿眼睛红肿，显然哭了许久，应该就是小莹吧。

"老师，您帮帮她吧。如果小莹的爸妈知道她又要留级，家里会出大事的！"陪同而来的小宜边牵着小莹进来边说。

"我会尽力的，不过能不能让我多了解一些你的情况呢？"我示意她们坐下，自己也坐到小莹的身边。

"我真的想不通，去年成绩不好留级也就认了。今年明明很努力了，平时也很乖，不谈恋爱，不玩电脑，不随便出去玩，牺牲了很多，成绩也有了进步，但还要留级。班里有的同学平时成绩还不如我，反而不用留级,这太不公平了!我真的无法接受,更无法想象爸妈知道我要留级会怎么样,他们也许会打死我的,早知道这样还不如去年就退学。"小莹说着流下了委屈的眼泪。

"我今年也要留级,但我平时学习不努力,而且,我的心态比小莹好一点儿,自己能想得开。另外,我爸妈的态度比小莹的爸妈好些,所以我应该会比她好些。"小宜补充道。

"其实,我对自己高考的要求也不高,能考上一个大专就可以了。去年因为我留级,爸妈觉得很没面子,家里已经闹得很厉害了。那时我心里也明白,留级是因为自己没有好好学,是自作自受,也就接受了。但今年我都这样了还要留级,我真的没法儿想象爸妈会怎样。还有,我该怎么面对同学和老师的眼神?他们肯定会用异样的眼神来看待一个留级两年的学生,这也许在我们学校历史上都是没有过的。最重要的是,我不知道该如何向爸妈交代,我真的无法亲口告诉他们这个事实,太残酷了,太对不起他们了。他们该怎么办?该如何面对别人的眼神?……"小莹问了一连串的问题。

我明白了,小莹的压力不单来自自己,更多的是来自父母。她不知道如何告诉父母再次留级的事儿,担心父母得知消息后会接受不了。

"连续两年留级这个结果确实很难让人接受,无论是谁都会不知道该怎么告诉父母。我想王老师和教导主任会和你爸妈好好沟通的,但或许这并不是你现在最需要考虑的问题。我想现在最重要的,是你该调整一下自己的情绪,冷静下来,这样才能处理好接下来可能发生的事儿。"我坚信,让小莹的情绪稳定下来是目前最重要的事儿。

"老师,您能不能和学校领导求求情?小莹这一年真的已经很努力了,而且成绩也有了很大的进步。"小宜问我。

小宜自己也面临留级,却在这时坚强地陪在好朋友身边,我真的为小莹能够拥有这样的朋友而感到欣慰。那一刻,我有一种马上拨教导处电话的冲动。但理智战胜了一切:作为心理教师,我的职责是帮助来访者学习为人处世的方法,让他的内心变得强大起来,而不是代替他去解决问题。更何况,学校有学籍管理规定,我不能以学生有情绪问题为由而随便介入留级决定。

"小莹，很抱歉，我无法帮你向校领导求情，但我会和教导主任沟通，让他们尽可能以妥当的方式和你爸妈谈谈，必要的话我也会和你父母做沟通。"我解释道。"刚才小宜说这一年来你并没有虚度，成绩已经有了很大的进步，再给自己一年的时间是不是能考上更理想的大学呢？"

"进步了有什么用？59分和0分没有任何区别，都是不及格，结果都是留级。如果努力了仍没有成功，就是失败。"小莹说。

"是啊，59分和0分从表面上看都是不及格。不过你想想，假如一个人需要爬100层楼，他爬到59楼时，我们还会说他在底楼吗？"因为努力之后的结果依然是留级，所以小莹全盘否定了过去一年的进步，因此，我想应该先改变她的认知，肯定她这一年来取得的进步，或许可以帮她更好地接受留级的结果。

"爬了一半多了！"小莹不假思索地回答，而我要的正是这个答案。

"那么59分和0分还是没有区别吗？"我追问道。

小莹抬头看着我，小宜也附和道："0分离100分还有100分，但59分离100分只剩下41分了。其实，你这一年来真的很努力了，至少你能够控制自己，把心思放到学习上……我都做不到这些。"小宜一一罗列了小莹这一年来的改变。

"你看，小宜看到了你这一年来的改变，根据你以前的情况，要让自己把心思放到学习上可不是件容易的事儿哦！"

"是的，真的很辛苦，有时真的很难做到，然后就逼着自己做。"小莹苦笑着说。看来她在接受自己，认可过去一年的努力了。

"其实一个人跌倒后，可怕的不是跌倒的结果，而是跌倒后他不愿意站起来。留级会让你面临一些困难，但如果勇敢地面对，你获得的成功可能也是意想不到的。"

小莹若有所思地点点头。

咨询结束前，我让小莹利用剩下的时间好好思考，为什么虽然过去一年努力了，成绩也有了很大的进步，但最终结果依然不如意，其中有哪些地方还需要改进。

聆听手记

"你了解留级生的处境吗？知道他们面对他人询问是否留级的问题时的难堪吗？有的人或许一辈子都不会知道……"这是一位留级生通过 QQ 空间的日志留给我们的思考。他们害怕别人看自己的眼神，担心别人谈论自己，担心新班级新任课教师的适应问题、来自家庭成员的压力等。

送走小莹后，我和王老师做了沟通。两天后，王老师来电说，小莹的母亲得知孩子留级的消息后，非常激动，表示孩子学习已经很认真了，自己不会责备孩子，但她觉得是校方故意刁难孩子，气呼呼地带走了孩子。

虽然听到的并不是好消息，但我一直悬着的心总算放下了一点儿，至少母亲看到了孩子这一年来的努力和付出，对孩子是肯定的。至于母亲的情绪，也需要一些时间来调整。

两天后，还没有等到小莹的电话，于是我主动打电话到小莹家里。小莹去学跆拳道了，是她母亲接的电话，一听我是学校的心理老师，她的情绪又激动起来："我没有心理问题，不需要咨询。"我还没说上一句话，电话那头响起另一个声音："我们家没有精神病，给你们老师咨询咨询吧！"然后，电话啪的一声挂断了。我想那应该是小莹的爸爸，这对父母显然还在为孩子留级的事情愤愤不平。但至少我又获得了一个好消息，小莹继续练习跆拳道，这一爱好对她调整情绪肯定是有帮助的。

又过了两天，是一个工作日，小莹的父母应该都上班去了。我试着再次拨通了她家的电话。小莹告诉我，爸妈这几天的情绪已经慢慢平复了，自己也还可以，冷静下来后大家都慢慢接受了这个事实，自己也会在新学年的学习中继续努力，让两次留级更有意义。撂下电话，我真心希望小莹能够正确认识自己，克服自卑情绪，在这次的留级风波中找到目标，找回自信。后来，我听说小莹考上了她喜欢的医学类的专科学校。

第 2 辑

成长烦恼：冲突与沟通

青春期的学生通常追求完美的自我，期待师长的认可，渴望同伴的交往，憧憬美好的未来。但同时，他们又容易因他人的评价而困惑，因师长的"偏爱"而失落，因同伴的远离而孤独，因未知的未来而迷茫。

家长和教师应用心聆听他们的故事，真诚接纳他们的情绪，以同理心与他们沟通，在他们想要独立的时候适当放手，在他们无助、迷茫的时候指引方向，在他们孤独、失落的时候陪伴左右。相信，他们一定会健康、阳光、自信地成长！

1 被忽视的中等生
——如何帮助学生突破自我

在听一位特级教师的主题报告时，我想起了小晨，一个身材娇小、总是瞪大双眼期待老师关注的女孩儿。

小晨是心理课课代表。她每次课前都会主动问老师是否需要协助，每节课上都会认真记录表现优秀的学生名单，是个做事很认真负责的学生。

"老师，您现在有空儿吗？"小晨在办公室门口充满期待地望着我。

"有空儿。进来聊聊吧！"我把小晨请进了办公室。

"开学一个多月了，我的班主任上课时从来没有叫我回答过问题。"坐下来后小晨诉说了分班以来的烦恼。

小晨的新班主任是历史老师，小晨每次上课前都尽可能做好充分的准备，上课时也紧跟老师的思路，但是开学至今，班主任已经提问过班上所有学生了，却从来没有叫过她。

听完小晨的陈述，我渐渐理清了她的烦恼所在：渴望得到老师关注的中等生被忽视了。这种忽视确实达到她所说的那种程度了吗？究竟给她造成了怎样的困扰？

"你是如何确定老师已经叫过除你之外所有同学的？"

"一开始我以为老师只是叫她原来班级的学生，后来发现原来不是她教的学生也都叫过了，好学生也叫过，就是没有叫过我。"她委屈地回答。

看来小晨得出这样的结论还真是经过了确切统计的，如此期待老师点名的她，在反反复复的期待与失望中该是多么的失落。

"老师没有叫你的时候，你心里怎么想？"

"我觉得老师不重视我。有时老师问大家有什么问题，因为提问的同学很多，所以我提的问题她也没有听到。我这次考试也考得不理想。"

"你希望上课时出现怎样的师生互动情况？"

"老师不是都很了解学生的学习能力吗？我希望老师能够让我回答一些我有能力回答的问题。当然，那些很难的问题就别叫我回答了。"看来小晨对老师的关注有所期待，同时也传递出她的不自信。

"我课前都做了准备，老师提的问题我也认真思考了。有时候，她叫其他同学，他们没有回答出来，老师后来说出正确答案后，我发现我的答案和老师的是一样的。"

"这时候你怎么想？"

"有些失望，因为我的答案是对的。"

"你知道答案为什么不举手呢？"老师在课堂上没有提问小晨，其中也必然有小晨自己的原因。据我对小晨的了解，我想这个问题应该是个突破口。

"因为那些历史成绩比我好的同学都答错了，或者没有回答，我就没有举手。我原来的历史老师上课时都会叫我回答问题，我选历史学科一方面是因为自己喜欢，另一方面是因为原来的那位老师会让我回答问题。所以现在我有问题的话，宁愿多跑几层楼去问以前的老师。这次没有考好，虽然我还会继续努力，但感觉自己的兴趣和信心没有以前那么足。上课时会想反正老师也不会叫我，就不认真听课了。现在又是春天，比较容易犯困。"小晨说出了自己的问题，但很快又找理由为自己辩解。

"所以你希望老师关注你，帮助你克服自信心不足的问题，让你保持对历史这门学科的兴趣，让你更有动力地去学习，对不对？"我顺着她的思路，重述了一遍她的想法。

"是的。"小晨点点头。

"能否做好一件事情，是取决于自己还是取决于外界因素呢？"

小晨陷入了沉思，或者，她心里已经开始明白了什么。

"记得在高一的心理课上，你期待的眼神让我对自己的课堂有了信心，于是，我选择了微笑地看着你，你选择了举手。是你用自己的行动让我知道了你想提问，也是你举起的手让我知道了你要提问哦！"我笑着看着小晨，她惊讶地看着我。也许，她没有想到我会记得一年多以前的那一幕。"后来在社团课上，你几乎每次都很勇敢地突破自我。现在你在历史课上有突破自我的想法，可似乎又有些胆怯。"我继续说着。

小晨的眼里闪着泪花，兴许是我刚才那番话让她感受到了被关注的温暖，而这正好可以促使她正视自己的问题。

"你发现自己的答案和其他人不一样的时候，你觉得别人的历史成绩比你好，他们都答错了，自己的答案也可能有问题，所以，你对自己没有信心。可是你发现自己的答案与老师的一样时，你是否可以尝试主动举手发言，让老师注意到你呢？"

小晨低下了头。

"如果你愿意，我可以和你的老师沟通一下，让她上课时叫你回答问题。但如果我这样做，就阻挡了你突破自我的脚步。你已经有了自我突破的念头，关键的下一步就是举起你的手，迈出你的脚。举起你的手，主动告诉老师，你有其他的或者更好的答案；迈出你的脚，不是迈向原来的历史老师，而是迈向现在的历史老师，毕竟，在接下来一年半的时间里是她陪伴你。你可以通过这些互动，让现在的老师更多地了解你的学习情况，以便更有针对性地请你回答问题或辅导你。"我进一步地启发她。

"我数学不好。班里成立了数学学习小组，我们组长数学很好，却对我说了一句'别指望我帮你'。老师根本不知道他多么自私。于是，我就自己找了其他小组的同学帮忙，有不懂的就问他们，或者去问老师。"小晨用这件事对我做出了回应。

"你看，在这件事上你做得多棒。不是坐以待毙，而是主动出击。试想一下，如果你让自己困在这个数学小组里，你的数学学习就可能会陷入困境。"

"嗯。"小晨低声回答。

"所以，也尝试主动走出其他学科的困境吧！"我乘胜追击地鼓励说，

"那你是希望我帮忙和历史老师打声招呼呢，还是自己去突破？"

"最好能两个一起吧！"看来，小晨还是有些胆怯。

"可不可以这样，给你一周时间，你用自己的方式，比如，上课时主动发言、主动问老师问题等，让老师关注你。等下周四或周五，你再来和我分享，我们再决定是否需要我和历史老师沟通。"

"嗯，好的。"

一周以后，小晨告诉我，上历史课的时候，她主动举手回答问题，在老师叫到她的那一刻，一种破茧而出的感觉油然而生，虽然回答得不是很完美，但也受到了老师的表扬。小晨说："我会继续举手的。"

聆听手记

尖子生往往是老师心中的宠儿、同学眼中的榜样，总是生活在光环下；"后进生"则会因为各种不良表现，得到老师的特别关注和提醒，有了进步还会被鼓励一番；唯独中等生，在各方面表现都不突出，最容易被老师忽视。正是这种"乖乖孩儿"的形象，让老师对他们很放心。渐渐地，很多中等生在课堂上选择了沉默，一些人会继续默默地跟着老师，享受中等生的那份安宁，但对一些渴望得到关注却又缺乏自信和勇气的学生而言，这种忽视让他们感觉不到老师对自己的关心与帮助，感觉不到学习和校园生活的快乐。

在小晨的案例中，虽然可能存在教师关注不够的问题，但不可否认的是，小晨自身也存在问题。教师要做的通常是激励学生自己解决问题，帮助学生解除阻碍其成长的困惑，使学生的内心强大起来，这样他以后才有能力自己解决好生活中出现的问题。

2 挂在墙上的保证书
——如何让承诺成为成长的动力

暑假放假第一天，男生嘉强的妈妈就来找我，原因是嘉强最近情绪低落，在家时不是睡觉就是唉声叹气。她既心疼又着急地对我说："老师，麻烦您去我家一趟，看看我儿子。一年前考入重点高中时，他还是又听话又懂事的孩子，现在完全变了。读书不至于把人读傻了吧？"

通常情况下，心理咨询是需要来访者主动求助的，很少由咨询师上门服务。但今天，我难以拒绝一个家长的求助。我能理解家长的心情，解决孩子的问题是家长最迫切的需要。

我跟随嘉强的妈妈来到她家，打开房门后看见一个个子高高的男生无所事事地在客厅发呆。当他得知我是心理老师时，他有点儿尴尬，表情很不自然地与我打招呼："老师好！"

"有些事情对妈妈说不合适，你就好好地跟老师谈谈吧！"她一边关照嘉强，一边退出了客厅。

宽敞的客厅里只剩下我们俩，一时尴尬的气氛让我难以进入正题。此时，一只全身黑毛的小狗跑了过来，我害怕地提起双脚，整个身体蜷缩到沙发上。我怕狗的行为让他感到好笑，但他语气肯定地对我说："别怕，有我在，你肯定没事。"

听了这句话，我对他的印象一下子发生了改变，心想这个小男生很有男子汉风范。我借口说怕狗，问他可否换个地方说话。"行，那就去我房间吧。"他立刻说。

嘉强的房间是卧室兼书房，虽然不大但井井有条，墙上贴着几张外国足球明星的大幅彩色照片，床边还竖着一把吉他。暑假作业堆放在书桌上，书架上的镜框里陈列着几张摄影作品。书桌正前方的墙上贴了一张A4大小的纸，手写的字密密麻麻地布满了整张纸，我一时看不清楚内容，但标题"保证书"三个字我看得清清楚楚。整个房间给了我很多信息，我知道了嘉强兴趣广泛，喜欢摄影，能弹吉他，崇拜足球明星，等等。但现在最让我感兴趣的是那张贴在墙上的保证书。他在向谁保证？又保证什么？

我问嘉强："是你写的保证书吗？我可以仔细看看吗？"

在征得他同意后，我凑近墙面，认真地读了起来。保证书上的条款共有九条，第一条是："我保证永远不再与她来往！"

我饶有兴趣地问："她是谁？"嘉强不回答，不好意思地低下了头。

"这些保证条款你能做到吗？"我问。嘉强无声地摇摇头。

"既然做不到，你为什么要写保证书呢？"我不解地问。

"我不这样写，他们不会放过我的。"嘉强无奈地说。

"他们是谁？"我追问。

"班主任、年级组长、家长，还有学校。反正，所有人都认为我们不该在一起。"我感觉到嘉强的语气中带着抱怨。

其实，我已经明白了，嘉强妈妈反映的情况一定跟保证书上的内容有关。那我就单刀直入，直奔主题吧。

"嘉强，你妈妈说你近来心情不好，能谈谈女生的情况吗？"我干脆又直接地挑明了话题。

嘉强沉默不语。我能理解他的沉默，对一个学生来说，面对还未建立信任关系的咨询师，开口谈异性交往之类的话题是很难的。因为带有防御心理的他，不知道我的态度是理解还是否定，是支持还是阻止。

"你说所有人都认为你们不该在一起，也包括我吗？我是心理老师，心理咨询的原则是助人自助。我可以帮你分析问题，澄清事实，但结果一定是由你自己决定的。别人没有理由替你做决定，也没有资格这样做。"我诚恳地说。

"您真能理解我的想法吗？"他将信将疑地看着我问。

"我很想听听你的想法，我们共同分析坚持与放弃的利弊，希望对你做决定有所帮助。"我再次表明了自己的态度。

"其实，我与她并没有发生大人们认为的那种早恋，只是互相有好感，愿意在一起说说话。那天上数学课，我想对她表达好感，不知该如何开口，就在纸条上写了一句：'真想与你做朋友。'我把纸条扔给她时，被数学老师中途截留了。于是，我被老师叫到办公室批评教育，老师让我写保证书。我坚持不写，结果引来了麻烦。数学老师、班主任、年级组长都过来议论此事。我真没想到事情会变得这么复杂。见我态度不好，班主任把我家长请到了学校。他们认为如果不把早恋的苗头掐死在萌芽状态，后果会很严重。在多方压力下，也为了尽早摆脱困境，我只能写保证书了。表面看来我认识深刻，态度诚恳，所以，他们就放了我。"嘉强说出了自己内心的真实想法。

"为了蒙混过关，你在保证书上写了违心的话，那你是怎么想的呢？"我继续深入地问。

"当然是不服气。我和她在一起有什么错？为什么男女同学不可以做朋友？老师、家长难道没有经历过青春期，不知道异性同学在一起的感觉吗？"嘉强在提出多个问题后，希望我能给予明确的答案。

其实，不论是教师还是家长，都知道青春期的少男少女渴望与异性交往，正是因为有这种发自内心的渴望，所以，青春期才充满了美好与浪漫。当然，也因为青春萌动的冲动与非理性，他们常常会陷入难以自控的误区。年轻人总是怀着青春的憧憬，享受并追求着浪漫时光，而教师与家长总是心怀忧虑地看待异性交往带来的负面影响。

"现在你心里非常矛盾，一方面无法兑现自己的承诺——永远不见她，另一方面又想证明自己是'一言既出，驷马难追'的男子汉。我个人认为保证书中的第一条——'我保证永远不再与她来往'是可以修改的，因为见与不见，不是原则问题。

"你与她在一起正常交往肯定没有错，同学间的交往是合理而美好的，但假如你们交往过于频繁，并且因为与她交往，你远离了同学和朋友，你就等于拒绝了整个世界的精彩。男生女生做朋友是可以的，但假如你们过分亲密，陷入了卿卿我我的情爱世界中，你们就不是正常的交往了。也许你会说，你与她的交往目前处于正常、合理的范围，并没有老师和家长想象得那么严重，但把握住发展的节奏，控制好交往的趋势，是十分有必要的。老师和家长的建议和提醒对你有很好的警示作用，你不要拒绝，而应接受并感谢。

"如果年轻人与异性的交往是正常而健康的，那我们一定可以在年轻人身上感受到激情和积极向上的力量，会看到他们学习更加努力，生活更加丰富，交往更加广泛。但如果年轻人出现烦躁不安、萎靡不振、心神不定等消极情绪，那只能说明这种异性交往干扰了两人正常的学习和生活，需要尽快去修复、改善和优化。"我回答了嘉强的提问。

当我起身告辞时，嘉强说："老师，让我好好想一想，再与您交流。"

三个月后的一天，嘉强给我发来一张照片，并告诉我："谢谢您的帮助，我可以处理好与她的关系，安心学习了。"

他发来的是一张风景照。照片上的景色我非常熟悉，就是学校对面体育公园的湖景。这景色意味着什么呢？我有些纳闷儿。

"这是日落前拍的吧？拍摄角度、用光、构图都很不错。"我一边欣赏，一边赞美。

"老师，您也喜欢摄影吗？这是我一个月前拍的。"他回复。

"想过给作品取个名字吗？"我想通过照片的名字，看看拍摄者的心情与拍摄主题。

"我给它取名叫'相约'。"

"'相约'，一个很好的名字。那你想表达的是谁与谁相约呢？"我不解地问。

看着照片中美丽的落日、醉人的秋景、荡漾的湖面、飞翔的水鸟，我认为"相约"有可能表达的是与落日的约会、与秋天的约会、与飞鸟的约会等主题。但嘉强告诉我，就是在这样的美景前，他与她相约：做永远的好朋友，争取两年后一起考上复旦大学。

"老师，我现在明白了，不是永远不再见她，而是在该见的时刻、该见的地方，永远地见到她。"嘉强终于找到了静下心来努力学习的动力。

聆听手记

青春期的少男少女容易多愁善感，一次约会就能让他们激动不已，一次争吵就会令他们寝食难安。这让他们的心情在喜悦与悲伤中不停转换。

案例中的嘉强本是一个认真、懂事、学习优秀的学生，自从遇到了心仪的女生后，他的心情有点儿激动，有点儿兴奋，有点儿难以控制。这本来不是什么问题，但老师的教育和批评、家长的劝诫与干预，让处在青春期的孩子的逆反心理被激发，使事态向着尴尬的境地发展。

嘉强在保证书上违心地说了假话。这份虚假的承诺书让嘉强进入了两难的境地——"永远不再与她来往"做不到，承认保证内容是假话也做不到。老师要做的不是让嘉强坚守自己的承诺，而是让他学会修改承诺，让承诺成为积极成长的动力，而不是阻碍发展的枷锁。

3 "青苹果"的诱惑
——如何引导学生正确对待异性交往

寒假即将到来前,高一年级的班主任王老师陪着班上一位女生前来做心理咨询。据王老师介绍,这个文静、秀气的女生叫美米儿,与班上一位男生关系亲密,形影不离,两个人都无法安心读书,学习成绩严重下滑。家长愤怒的训斥、老师严肃的劝诫,都无法让两人分开。王老师不明白,他们为什么这么喜欢"缠绵"在一起。

我单独接待了美米儿,好奇地问:"这么好听的名字是谁帮你取的?"

"这是我的网名。我希望自己是一个美丽的小米粒儿。"她很快满足了我的好奇心。

"老师,您有网名吗?"

"当然有哇!我的网名叫牧羊人。"我如实地告诉她。

"那牧羊人的意思是什么呢?"她也好奇地问。

"别人常常把老师比作园丁,我把自己比作牧羊人,在蓝天和大地之间,与羊群为伴,也寻找迷失的羊羔。"我对她说出了自己真实的想法。

"好有意思的比喻,那我可以成为您羊群中的小羊羔吗?"她轻松地笑着问。

真是一个单纯而又感性的女生,她的内心充满了遐想与浪漫。但在她渴望成为我"羊群中的小羊羔"的表达中,在她真诚与热情的背后,似乎有着一种孤独和不安。

"好了,牧羊人开始履行职责,小羊羔入群吧!今天,我们谈谈你与他,可以吗?"我直接进入主题。她认真地点头表示认可。

"据说，你非常喜欢跟他在一起。他给你带来了什么？"我问。

"我跟他在一起很开心，因为他给我带来了快乐。"她毫不避讳地回答。

"如果不跟他在一起，你会缺失什么？又可能获得什么？"这么问看似没有意义，但我想突破她狭隘的思路。

"不跟他在一起，我会缺失快乐，但可以获得什么，没有想过啊。"她坦白地说。

"万事总是有得必有失，得固然好，但失也未必一定是坏的。一个人的得与失是守恒的，在一个地方失去了一些，就一定会在另一个地方找回一些。"我说。

其实，美米儿心里很清楚，自从找了男朋友，沉迷于青春期恋情后，她的学习成绩下滑，与同学关系疏远，常与妈妈发生冲突，这大概就是失吧。

"那我真该去找找自己的得与失！"她有所感悟地回答。

第一次心理咨询就这样结束了，我与她都期待下一次交流。

经过多方了解后我得知，美米儿生活在单亲家庭，平时与妈妈一起生活。不算幸福的童年，让她感到自己很渺小，所以，她给自己的定位是小米粒儿。缺少父爱的她，特别渴望男性的关怀和保护。进入青春期后，与异性交往的愿望特别强烈，在寻寻觅觅中她终于找到了自己喜欢的人，他就是同班男生小强。这是一位"高富帅"型的男生，她每天小鸟依人般黏在他的身边，极大地满足了她的虚荣心。在美米儿看来，有这样一位男朋友，是件既自豪又开心的事儿。

一周后的下午，美米儿主动来到心理咨询中心。这次，我们讨论的主题是"推开窗户，寻找属于自己的天空"。

我让美米儿在音乐放松椅上躺下，循环播放轻音乐。30分钟过去了，我发现，她陶醉在音乐的意境中，经历了一次轻松而浪漫的心灵旅行。

"能与我分享你看到的美景吗？"我轻轻地对她说。

她依依不舍地睁开眼睛说："太美了！在清纯的音乐中，我轻轻地推开窗户，看到一个美丽、静谧的花园。我走出房门来到花园，身边出现了许多美丽的花朵。我刚想摘下一朵时，发现了更美的花朵；再想摘下一朵时，眼前又涌来更多美丽的花朵。"

"有时我们放弃的只是一朵鲜花，而赢得的却是一座花园。"我说。

"嗯，有时我们为了抓住一株小草，失去的可能是一片树林。"她感同身受地说。

真是一个有悟性的女生，在得与失的辩证关系中，有了新的感悟。我把话题切换到第一次咨询时的问题。

这一次，她不是立刻回答我，而是若有所思地说："老师，上次回家后，我认真地思考了几个问题：第一，我为什么这么渴望跟他在一起？第二，跟他在一起的日子里，自己究竟得到了什么？第三，假如离开他，我的生活会有怎样的变化？

"在我的记忆中，我有一个非常好的哥哥。我被人欺负时，总是哥哥保护我。在遇到学习难题时，也是哥哥帮助我。爸妈离婚后，爸爸带走了哥哥，从此，我就变得孤独了，一直渴望再有一个哥哥。从上初中开始，我就比较关注身边的男生，寻找心中的那个哥哥。进入高一后，在班上遇到了他，有了一种心动的感觉。他高大、帅气，在同学中人缘很好，也乐于帮助别人。女生们暗地里喊他'大叔'。

"我很喜欢跟他在一起，下课了就找他聊天，晚自习会坐在离他最近的位子上。我发现，他对我的纠缠不仅不讨厌，好像还有一点儿喜欢。渐渐地，我们就变得形影不离了。有时放学回家，他陪我走一段，我又回送他一程，好像依依不舍似的。在一起的日子，他让我消除了孤独感，得到了快乐。

"我俩的关系在老师、家长看来是不合适的。他们多次告诫我们要谨慎对待青春期恋情，但我们只顾尽情地享受眼前的快乐，沉浸在单纯的、冲动的爱河中，忘了自己还有很长的路要走，还有远大的目标要追求。"

"很高兴听到了你内心的声音。当你明白了得到与失去的关系时，我相信，你一定能够恰当地把握和处理好与他的关系。"我对她充满信心。

第二次心理咨询结束时,我们都渴望下一周早点儿到来。

又一周过去了,美米儿再次来到心理咨询中心,她轻轻地推开办公室的门,神秘地说:"老师,我带来一个人,一起做咨询可以吗?"

我不知道她带了谁。是妈妈,还是老师?看着她兴奋的表情,我猜大概都不是——难道是他?

"你把谁带来了?是他吗?"我不敢确定地问。

"哇,您真厉害,怎么一下子就猜到了?"她更加兴奋地说。

"好,欢迎二位到来!"我热情地邀请他们。

美米儿大方地向我介绍:"老师,他叫小强,是我的好朋友,就是我们常常谈到的那个他。"

真是一个帅小伙儿,标准的身材,标致的脸庞,一看就让人感觉是个好学生,虽然带着一点儿羞涩,但总体来说落落大方、自信、淡定。

"今天我们谈论的话题是,如何让青苹果自然成熟?心理学家把青春期恋爱比作'青苹果恋情'。青苹果是青涩的,若在时机未到时,过早地采摘和品尝,虽得到了苹果,却失去了甜美。"我说。

"要想让青苹果成熟,需要从内因和外因两个方面考虑。内因就是保证这是一个健康的、能成熟的苹果。外因就是保证青苹果具有成熟的条件,如适当的时间、适宜的温度、适量的肥料,没有病虫害的侵袭。"小强认真地说。

"你分析得很不错,条理清晰。但我们是否可以根据青苹果的特殊含义,更具体地讨论如何创造良好的外部条件以促进内因转化?美米儿,你的意见呢?"我问。

"内因就是青春期的健康心理——正确对待异性交往,不亲密也不排斥,不迷恋也不疏远。外因就是一个宽松、愉快的成长环境,有父母的理解,有老师的认可,有同学的支持,保持纯真的同学友情。等我们长大了,青苹果自然就成了红苹果。"她得意地说。

"美米儿说得真好。其实,每个人都会遇到青苹果的诱惑,但只要我们有足够的自信和耐心,一定可以收获属于我们的那个红苹果。美米儿、小强，我期待你们健康成长。"我高兴地说。

望着他俩离去的背影，我的心中充满感慨。我希望身为独生子女的学生，能够在同学、邻居、朋友中找到兄弟姐妹般的友情，让自己的生活更丰富，情感更温暖。

聆听手记

一个看似棘手的青春期恋情问题，在理解、关爱、引导的基础上顺利解决。独生子女缺少手足之情的体验。一般来说，女生常常渴望有个哥哥可以依赖，男生常常渴望有个妹妹可以保护。不管出于何种原因，青苹果之恋都是合情合理的心理需求。

教师借用青苹果做比喻，让当事人明白，要慎重地处理与异性同学间的关系，用心收藏和保护同学间的美好情感，静待花开，让青苹果自然成熟。不要摘下诱人的玫瑰，却错失美丽的花园。

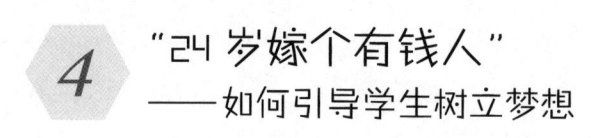

4 "24岁嫁个有钱人"
——如何引导学生树立梦想

"读幼儿园、小学时,你梦想的职业是什么?"我对高三的学生提出了这样一个问题。

科学家、超人、奥特曼、警察、甜品店老板……学生一一说出自己小时候的梦想,时不时有那么一些梦想让大家笑得前仰后合,其中也包括小静"24岁嫁个有钱人"的梦想。大家都沉浸在回忆儿时的天真梦想所带来的欢乐中。

"那么,读初中时,你的梦想有没有改变呢?"我追问。

医生、教师、工程师……显然,随着年龄的增长,学生们明白了超人也好,奥特曼也罢,都是虚拟世界的人物。于是,梦想逐渐走向了现实。

"没有变,还是嫁个有钱人,做全职太太。"这是小静第二次给出的答案。

学生们又笑了。这个笑,我当时的理解是学生对青春期少男少女情感的认同。

"现在,作为高三的学生,你要填报高考志愿了。这时,你梦想从事的职业又是什么?"这次同样的问题却把很多学生难住了。社会上到底有多少种职业?它们是什么?自己到底想要成为怎样的一个人?兴趣、爱好在哪里?……许多学生陷入了沉思,有的直摇头。

过了一会儿,学生纷纷举手给出答案——幼儿园教师、护士、警察、奶茶铺老板娘、西点师、不知道、很迷茫……

学生们认为,世界在变化,他们对自我也有了更客观和全面的认识,从前的梦想也许并不适合自己。于是，梦想从感性走向了理性。

小静又举手了："嫁个有钱人，做全职太太！"

与前两次答案相同，但这次笑的学生明显少了许多，一部分学生用疑惑的眼神看着她，另一部分学生则小声地议论。我并没有给学生过多时间进行深层次的交流，在我的引导下，他们很快进入了下一个既定的活动——"撕思我人生"。

我让学生以1—80岁一岁为一个刻度，制作了一把"生命尺"。

以65岁为分界点，我让学生先撕下"退休后的岁月（66—80岁）"。

"同学们，在剩下的65年时间里，你希望在多少岁时工作、生活都能够达到一个比较满意的状态？请找到那个刻度，并将该刻度以后的岁月撕下来，写上'成功后的岁月'。"我说道。

有的学生将之确定为30岁，有的将之确定为35岁，也有的将之确定为40岁……转到小静身边时，我看到她将之确定在24岁。

"我们在期待未来的生活时，也需要回顾过去。你会发现，不知不觉中，我们的人生已经度过了十几年。请同学们找到现在的年龄刻度，并将此前刻度撕下，写上'已逝去的岁月'，并计算还剩下多少年可以为你的人生而奋斗。"我对学生说着指令。

有的学生撕去17年，有的撕去18年，教室里一片喧哗，大家都在感叹留在手中的只有为数不多的十几年时间，而小静只剩下6年的时间。看似残酷的活动仍在继续。

我说："尽管我们大多数人还剩下十几年可以为成功的人生而奋斗，但人的一生中，按照平均每天八小时的睡眠时间计算，我们有三分之一的时间在睡觉，请将刚才剩下的时间乘以三分之一，算出睡眠时间，并将其从生命尺中撕下，写上'睡觉时间'。"

教室里更加热闹了，有的学生摇头，有的拍桌子……小静只剩下4年了，而她却没有像其他同学那样兴奋或着急。

"同学们，尽管很残酷，但我们不得不面对另一个事实，那就是除了睡觉，我们还有休闲娱乐的时间。按照科学计算，这些时间基本上占据了一天中三分之一的时间,请再撕去与睡眠同等长度的生命尺。"我继续发指令。

教室里顿时像炸开了锅,"我就剩这么一点点了""完了,我不要活了""快没了""老师,不能这样"……有的学生捶胸顿足,有的学生激动得站了起来……而小静虽然只剩下两年时间,却没有像其他同学那样激动或后悔。

"看着手中这段可以为成功人生而奋斗的时间,现在你有什么想法?如果重新玩一次这个游戏,你会怎么做?"

有的学生感叹生命短暂,有的后悔把取得成功的时间定得太早,也有的为自己手上那一小段纸条而担忧,不知道今后该如何是好……小静的答案让大家安静了下来。"我不会改变原来的计划,还是在24岁时找个有钱人嫁了,做个家庭主妇。还有两年时间,足够了!更何况我在休闲娱乐的时间也可以为嫁个有钱人做准备。"

及时响起的下课铃声解了我的燃眉之急,回到办公室后,我陷入了沉思:是什么原因让小静树立了这样的梦想,而且从未改变过?这两年多来与小静沟通的情形慢慢地浮现在我眼前。

那是高二刚开学不久,小静母亲找到班主任,说小静一直责怪她把自己生得难看,每天都在化妆上花很多时间,希望班主任能够做做孩子的思想工作。经过班主任的开导和鼓励,小静明确表示在校期间不化妆,并把染黄的头发染回黑色,但坚决不愿意将接好的头发去掉。

不久,小静的母亲又找到班主任。这次是因为小静沉迷于网络游戏,每天都玩到凌晨一两点。因为睡觉很晚,她白天精神状态就不好,还经常犯胃病。小静父母为此很生气,认为都是网络游戏导致小静身体素质下降,但无论怎样劝说,她就是不听。

高二第一学期,小静参加了心理社团,我也因此对她有了更多了解。小静的母亲是全职太太,每天的生活十分简单。虽然小静家庭条件好,但并不幸福,父亲有外遇,母亲曾经被父亲打得住院。尽管平时母亲对小静的关心无微不至,但母亲过山车般的情绪,让小静总是活得小心翼翼的。

她永远也无法忘记自己被母亲揪着头发从床上拖到地上的那一幕。小静说:"尽管有时会心疼母亲,但我并不留恋这个家,因为在家里得不到一丝温暖。"

小静有一个比她大一岁的男朋友,初中时他们就认识了。男朋友家境优越,高一时出国留学了,两人只能在每年的圣诞节和暑假见面,而两地的时差又让小静只能在深夜联系男友。当时流行一款网络游戏,小静的男友花了不少钱让两人在这款游戏中建立了一个家庭,而这成了这对少男少女情感交流的主要平台。这也是小静迷恋网络游戏,并且经常半夜还在上网的原因。

"撕思我人生"活动结束后的一天,我在校园里遇见小静,顺便又聊起了她的梦想。

小静告诉我,其实嫁个有钱人的梦想,是母亲从小灌输给她的。小的时候之所以觉得这个梦想不错,是因为她看到有钱人家的女孩儿可以穿上漂亮的公主裙。后来,这个梦想慢慢地就变成了自己的想法。在她看来,父亲之所以有外遇,是因为母亲不修边幅,没有女人味儿,所以女人要关爱自己,让自己每一天都美丽、迷人。全职太太的生活应该是轻松、自由的,因为少了职场上的许多约束;全职太太的生活应该是忙碌、多彩的,因为要投入更多的时间照顾家人的饮食起居。如果能够成为有钱人家的全职太太,面临婚姻危机的时候就不用像母亲那样不知所措,也许还能拿到一笔财产。小静又说:"当然,我不会让自己未来的婚姻出现这样的危机。"

小静说,她和男朋友分手了,因为分隔两地,有太多的事情是彼此无法掌控的。但她依然坚持"嫁个有钱人,做全职太太"的梦想,而且相信在不久的将来会实现。

我微笑着看着她,送给她一句话:"希望你能够成为一个内心与外表同样美丽、有品质、有内涵的女孩儿,能够找到一个真正爱你、关心你的人,能够早日实现这个幸福的梦想。"

聆听手记

"嫁个有钱人，做全职太太"，当你知道这是一个18岁女生的梦想时，你会有怎样的表情？会有怎样的想法？觉得吃惊、好笑，认为这个女生没有志气，品德有问题？这可能是一部分人的反应。但当我们走进这个女生的生活，走进她的内心时会发现，这个梦想同样应该获得理解与尊重。

父亲的交际圈让她身边不乏有钱的朋友，相对优越的家庭条件让她从小缺乏吃苦的精神，母亲的经历让她对成为优秀的全职太太有了更深刻的思考……

作为教师、家长，我们当然希望学生将来有一天能够凭借自己掌握的知识与技能自食其力，通过不懈的努力获得个人发展，找到自身存在于这个社会的价值。因此，幼儿园—小学—初中—高中—大学—就业，这是绝大多数孩子成长的轨迹，但并不是所有孩子的人生发展轨迹。事实上，在我们身边，确实存在着这么一群人，他们用其他方式活出了精彩的人生。所以，只要他们的梦想是自己追求的，是理性分析的结果，是符合社会道德和法律规定的，实现梦想的途径是正当的，那么，这样的梦想同样应获得理解与尊重。

5 不吃午饭只爱吃糖的女生
——如何培养学生健康的饮食习惯

这天,同事王老师告诉我班里来了个转学生小佳。她天天不吃午饭,晚饭也要等晚自习放学回家后才吃,而且会吃很多。她身上总是带着糖,饿了就吃糖,也会把糖分给周围的同学吃。"已经连续一周了,家长和我都很担心。不吃午饭,怎么有精力上好下午的课?晕过去怎么办?我和小佳也谈过了,她自己并不觉得有问题,并且说学校食堂的饭菜挺好的,但就是不肯吃午饭,这可怎么办?"王老师焦急地问。

"别着急,先让我找个机会和小佳聊聊吧!"我安慰王老师。

在学校里,经常有班主任或学科老师因为学生的问题向我求助,我也会积极关注他们提及的学生,然后寻找一些契机主动与学生沟通。很快,我就以关心转学生为理由约小佳见了面。

中午,一个身高约一米六五、身材丰满的女生走进了我的办公室。根据经验,大多数这样的女生会对自己的体形有所不满,也可能会通过节食的方式控制体重。

从心理咨询的角度出发,也许我应该直接与小佳交流不吃午饭只吃糖的原因。是怕胖?是尚未适应转学导致的行为问题?是缓解学业压力的方式?还是……但小佳刚刚转学,对我和学校心理教育工作都不了解,这样单刀直入的方式可能会导致她的阻抗,从而阻碍我们建立信任关系。我相信,了解她转学以来的情况,帮助她建立良好的人际关系、适应新学校的生活之类的话题更容易被她接受。

可小佳并没有产生任何抵触心理,在闲聊中,她提到自己从小生活在北方,跟随家人来到上海后适应了好长一段时间。现在刚刚进入高中一个多月,还没有适应,就从原来的高中转学到了这所学校。

小佳原来的学校并不比我们学校差,离家要近得多。"那你转学的原因是什么?"我疑惑地问。

"我也不知道。妈妈把所有事情都办好了,然后在一天早上突然通知我说要换一所学校读书,我觉得真是莫名其妙。"她无奈地笑了笑。

在之后的交流中,小佳谈到虽然学校很漂亮,食堂饭菜也不错,但还是有些不习惯。她感觉新学校的管理很严格,教学内容和原来的学校不同,尤其是理科跟不上,目前就是通过向同学借笔记自学、向老师请教等办法追赶。至于吃饭的问题,她觉得其实自己进步了,在原来的学校连早饭都不吃,现在因为每天要早起赶到学校,所以早上吃了很多,午饭不吃也不会饿。晚饭不过是晚点儿吃而已,而且会吃很多。课间吃了糖,所以并不会有饥饿的感觉,老师和家长真没有必要这么担心。

初次交流的目的主要是和小佳聊聊转学这几天的感受,同时收集信息,因此并没有就小佳不吃饭的问题进行深入探讨,我只是善意地提醒她:"来到新学校后,会碰到一些新困难,需要重新适应,学习、人际交往也必然会有一段磨合期,所以需要更多精力去应对挑战。不吃午饭,时间久了势必会影响身体,上课时的注意力、记忆力等都会受到一些影响,可能会为适应新学校带来更多的困难。也许你该考虑一下这个问题。"

"那从下周开始吧!"小佳答复道。她如此爽快,反而让我有些不安。

又到了周一,这是小佳答应去食堂吃饭的日子,第四节课下课路过她的班级时,我顺便进去提醒她。她正在吃糖,还递给我一块糖,然后试探性地问我:"可不可以从明天开始?"

"周一是一个很好的开始哦!"我笑着说,"我正好第五节有课,一会儿咱们一起吃吧!"我不给她拒绝的机会。

"是啊,是啊,一起去吃吧!"一旁的两位女生应和着,看来班主任已经调动班干部的力量了。

"好吧!"小佳有点儿无奈。

下课后，我来到小佳的班里。班里的同学都已经在外面排队准备去食堂就餐了，只有小佳一个人依然坐在教室里。我拍了拍她的肩，她跟我一起到了食堂。我们选的套餐有红烧大排、茭白肉片和青菜。她说："还不习惯吃米饭，北方人比较习惯吃面食。"

"别说你是北方人了，我是浙江人，但浙江菜和上海菜的差别也很大。我妈妈烧得一手好菜，我来上海十几年了，还不习惯吃上海菜呢！"我笑着回应。

这顿午饭，小佳大概吃了一两饭，半块大排。

之后的日子，我、王老师或班干部轮流陪伴或督促小佳吃饭，小佳也会吃一些。

很快，期中考试如期而至，小佳的成绩并不理想。知道成绩的那天中午，小佳又不肯吃饭了，王老师劝了好久，把我也叫了过去。小佳说："我想好好冷静一下！"我们尊重了她的选择，但心中仍不免有些担忧。

下午，小佳主动走进了我的办公室。"这节课是体育课，觉得没什么意思，想过来和您聊聊。"她边说边递给我一块糖。

"来到上海这几年，我对上海的饮食，还是不能很好地适应。学校的饭菜没有家里的味道，而爸爸有一手好厨艺，若在外面的餐馆吃到好吃的菜，回到家里也能够烧出一样的味道来。"小佳说道。

问及中午冷静的情况，她说："压力大的时候喜欢一个人安静地想，想完后就会有很大的变化。不太喜欢哭，因为爸爸说过，哭是无能的表现。经过中午的冷静思考，我决定像初三一样学习。初三的时候有同学和老师说我考不上高中，我听了很生气，就发奋学习，结果考进高中。那时候什么事情都不顾，就一心学习，成绩越来越理想，信心越来越足，动力很大，现在也应该这样学习。"

接过她的话头，我们聊到了长期饮食不当可能会造成体重下降，对女生的生理周期、注意力和记忆力有影响，进而影响学习成绩的问题。而情绪调节的方法也是因人而异的，哭是女孩子较为常用的表达情绪的方式，并不一定是懦弱无能的表现。只要哭完后能够勇敢地面对困难，就是积极的、智慧的。

聊天儿结束后，小佳说："明天我会去吃午饭的。"

从第一次与小佳交流，一直到之后的沟通，我们都是很随意、轻松的。小佳谈到了她根本不担心胖瘦的问题，谈到了浪费粮食是很不好的行为，谈到了其实不吃饭并不会像老师说的那样一定会晕倒，谈到了自己确实无法适应食堂的饭菜，谈到了自己过去被人看不起时的愤怒，谈到了努力后获得成功的喜悦，谈到了自己处理情绪的方式，等等。正是在这些随意聊天儿的过程中，我提出的可能不太容易被接纳的建议，变成了朋友之间的关心，帮助小佳逐渐融入新校园的生活中。之后的日子，王老师继续调动班干部和心理委员，主动和小佳交往，小佳的身边也慢慢多了一些朋友。这些朋友逐渐代替了我，拉着小佳一起去食堂。有时即使小佳真的没有胃口，也能在食堂里看着朋友吃饭，和朋友聊天儿。

小佳慢慢融入了新的大家庭，而她的朋友们、我、其他老师也总能和她一起分享她的"友谊之糖"。

聆听手记

随着人们生活水平的提高，学生的饮食习惯发生了很大改变。目前，学生营养摄入不均衡、吃零食过多的现象比较多。很多学生不吃早餐或只吃一两块面包，用碳酸饮料代替饮用水，把泡面等作为正餐食用，对西式快餐和膨化食品情有独钟……忽视早餐、应付午餐、随意进餐的饮食习惯既影响了青春期少男少女的健康，也给教师的教育工作带来了挑战。

小佳爱吃糖，可能是因为食堂饭菜不可口，对新校园人际氛围不适应，也或者有其他原因。教师与小佳交流后，小佳依然爱吃糖，依然会和身边人分享糖，依然会在某些时候不去食堂进餐，这些都不是问题的关键。关键在于小佳需要朋友倾听和关心，这样才能够打开心扉，真正地融入新校园的生活中。

6 害怕独自外出的女生
——如何应对家长的过度保护

我第一眼看到小依,就感觉她是个文静又有礼貌的学生。她母亲告诉我,小依其他方面都很好,就是有些胆小,尤其是一个人外出的时候,总希望有家长陪,根本不像其他青春期的女生那样想要离开父母。家长请我帮忙找找原因。

小依来到我的办公室后,对沙盘产生了兴趣,于是摆起了沙盘。

她很喜欢颜色鲜艳的沙具,如漂亮的小鸟、五颜六色的水晶石等,整个盘面布局的比例都比较恰当。小依说这是一个"美丽又危险的世界"。"桥上的小孩儿是主人,小孩儿的家是被梅花鹿和斑马围绕着的小房子。小房子边上有一座灯塔,妈妈在家里烧饭,爸爸在灯塔里望着小孩儿。盘面左上角是一个游乐场,游乐场里的秋千上面坐着一个男孩儿和一个女孩儿,他们是主人的哥哥和姐姐。游乐场的前方是一个小岛,小岛上有一家玩具店。除游乐场和小岛外,其余地方都是主人家的农场,农场里除了各种植物,还有小狗、小猪、小鸟和狮子等动物。农场里的空气很新鲜,但可能会有小偷儿。"在描述沙盘的过程中,小依突然冒出了这么一句话。

接着,她告诉我:"玩具店里面有许多漂亮的玩具,门口有两位警察守护,因为可能会有小偷儿。两个警察中间那个身穿黑衣服、戴面具的人可能就是小偷儿,因为他在门口四处张望。主人饲养了小猪,猪圈门口有一只小狗陪伴它们,准备出门的是猪宝宝,后面是猪爸爸和猪妈妈。

"河边经常有人来钓鱼,河里经常有蛟龙出现,它会在人间洒下甘甜的雨露。小孩儿从玩具店买了玩具后,过桥回家。梅花鹿是小孩儿家饲养的，它来接小孩儿回家。因为小孩儿是独自一个人，所以爸爸在灯塔里望着小孩儿。

"狮子不会吃掉或者伤害农场中的其他动物。它们是好狮子，会保护这些动物和农场的主人。这里是河流的发源地，也是采矿的地方，树下埋藏着许多稀奇的水晶。"

这个沙盘的确很美丽，五颜六色的沙具充满了生机，但同时也给我一种充满了危险的感觉。在制作沙盘和介绍沙盘的整个过程中，小依两次提到"可能会有小偷儿"。沙盘中充满了力量型的人和动物，充满了保护色彩。警察守卫玩具店以免小偷儿进入，梅花鹿来接小孩儿回家，爸爸在远处的灯塔里眺望小孩儿。小孩儿的左边有蛟龙，蛟龙同时还保护大地。小猪出门时猪爸爸、猪妈妈跟在后面，还有小狗做伴。狮子们保护农场里的小动物。即使是担负保护他人职责的梅花鹿、狮子、小狗等，同时也受到农场主人的保护，等等。

沙盘游戏中的动物往往有一定的象征意义，既可能是来访者所崇尚、欣赏的品质的具体化，也可能是他恐惧、担忧的表露。在小依的沙盘中，小动物也许同样具有一定的意义。梅花鹿可以让人想到温柔与善良，但有时也意味着光明和再生，而在动物世界中，却是软弱的代表，一旦遇到危险，除了逃逸外没有保护自己的能力。狮子则是保护神，聪明且胸怀宽广，也是一个威严与慈爱的父亲的象征。小狗意味着忠诚、警觉和保护。小猪虽意味着有些懒惰却又象征着勇敢、谨慎。听完小依讲述的故事，整合了这些动物的象征意义，"危险""保护""勇敢"这些词一一浮现在我的脑海里。

"故事中的小孩儿像不像你？"我笑着问小依。

"好像是哦。"小依笑了笑，"我很喜欢农场，希望以后也能有一个农场……每次外出时，家里人总要提醒我注意交通安全，注意钱别被小偷儿偷了，等等。我每次出去都是又高兴又小心翼翼的。"

在与家长的沟通中，我获得了更多信息，也初步了解了小依渴望外出又害怕外出的原因。

在小依还是 11 个月大的婴儿时，一天半夜，有人用竹竿伸进家中偷东西，母亲发现后大叫，小依被吓哭，家人为此卖掉房子搬到更安全的小区。小依长大后家长反复跟她提过此事。家长过多的描述可能给她的心理造成了一定的影响。小依上学放学都由家长接送。平时小依很少外出，如果要一个人外出，家长会反复叮嘱她一定要注意安全。每当媒体报道一些少女被伤害的事件时，她都表现得较为敏感。她可能还受到身边好朋友的影响，平时看过一些比较恐怖的电影，认为世界上有鬼，还说自己看见过。

在沟通中，小依母亲也逐渐意识到了小依胆小的根源所在，并表示今后会注意家庭谈话的内容和方式，同时也会鼓励小依单独外出。

一周后，小依主动来找我，想继续体验沙盘，并且依然以家与农场为主题进行创作。这次小依呈现出的是其乐融融的家庭生活，爸爸、妈妈和小依之间相互关爱，还有一位移民国外的亲戚家的弟弟。所有小动物都能够自由地进入农场，和小依一家人和睦相处，但小依再次提到了小偷儿。

"平时看到过小偷儿吗？"除了儿时家里被盗的经历外，我想知道小依是否还有被偷东西的经历。

"没有。爸妈总是和我说要小心，说有不好的人，但是我不喜欢听这些事情。"

"为什么呢？"

"我觉得生活中应该有更多美好的东西，应该是充满阳光的……"

是的，生活应该是美好的，世界应该是充满阳光的，小依应该走出父母和长辈的庇护，无忧无虑地在阳光下成长。

半年后，小依一家移民了，我比较担心胆小的小依能否适应国外的生活。一年后，小依的母亲回国。她说小依长大了，成了一个开朗、活泼、勇敢的女孩儿。我欣慰地笑了，因为小依有一位充满智慧的母亲，陪伴小依成长。我衷心地祝福小依的世界永远美丽，充满阳光。

聆听手记

　　胆小并不是天生的，而是随着认知能力的提高而出现的。孩子对待危险的认识和态度受周围环境的影响。其中，家长面对危险源的态度以及过度保护就是主要的影响因素之一。

　　保护孩子是父母的天性，然而过度保护是当前家长育儿的一大误区。独生子女备受祖辈的关爱，吃快了怕烫着、噎着，走快了怕磕着、碰着，背个书包怕累着、伤着，外出游玩怕被坑蒙拐骗……家长的这些担心让孩子在不经意间产生了"这个世界好危险"的念头，进而产生了许多不必要的恐惧。过度保护让孩子失去了安全感，对周围的世界和人失去信任感，从而逐渐影响孩子的人际交往，甚至影响其正常的生活。

　　家长过度保护的教育用一句非常形象的话可以概括——"蛋壳式"的教养方式。这种教养方式会直接导致孩子失去自己应对困难的勇气，失去挑战自我的信心，成了温室中的花朵。因此，适当地松开孩子的手，让孩子尝试自己的事情自己做，鼓励孩子体验一下小小的冒险，让孩子享受做勇敢者的快乐，这样才能让孩子获得更大的发展空间。

7 向喜欢的老师表白后
——如何引导学生处理感性情绪

"老师,我能和您聊聊吗?"小颖满脸委屈地站在会议室门口,怯生生地问我。小颖是学生会的宣传干事,曾协助我组织过活动。周五放学早,学生都是归心似箭,而她看上去已经在会议室外等了至少半小时了,相信她一定是遇到了棘手的事情。

"没问题。走,去我办公室吧。"我把手搭在小颖的肩上,和她一起走进办公室。

"请坐吧,碰到了什么问题呢?"

"其实有些尴尬、不好意思,但我的同学建议我找您聊聊。"小颖低着头,声音很轻,这和我平时看到的举止大方、个性爽朗的她截然不同。

"那就说说看,既然等了这么久,相信这件事对你来说一定很重要。"我引导她。

"我喜欢上了一个人。"她的声音很轻。

"你们这个年龄喜欢上一个人,并不是尴尬的事儿。"我解释道。青春期的少男少女喜欢上一个人是再正常不过的事情了,但小颖为何会觉得尴尬呢?

"我喜欢上了我的补课老师。"说完,小颖抬头看着我。

原来如此!"嗯,我想这个老师一定有什么地方吸引你,而且一定受很多同学欢迎。"我并没有露出惊讶的表情,事实上也无须惊讶。情窦初开的少女喜欢上英俊、帅气的男教师,羞涩、多情的少男迷恋温柔、漂亮的女教师,这并不是言情小说中才有的情节,而是一些走过学生时代的人曾经有过的经历。

"他很年轻。我觉得他很优秀，课上得很好，体育也很棒，和同学们关系很好，很阳光，大家找他问问题时也很认真回答……"在向我介绍这位年轻的老师时，小颖的脸上禁不住流露出敬慕之情。

从她的描述中，我了解到这是一位阳光帅气、充满活力的青年老师，这样的老师往往会成为青春期少女欣赏的对象。

"你为什么认为是喜欢，而不是欣赏呢？"

"刚开始只是喜欢上他的课，也觉得只是欣赏，后来发现不是，是喜欢，因为看到他和其他女生说话时，我心里很难过，会生气、吃醋。"说着，她嘟起了小嘴。

学生的情感问题，一部分是由于青春期发育自然萌发的，但也不能排除受家庭、社会等因素的影响，所以我有必要了解一下小颖的成长经历，弄清楚这位青年教师身上是否留有其他人的影子，使她可以从中获得一些情感补偿。

"在你的生活中，有没有人给你的感觉和这个老师给你的感觉差不多？"

"有，我的一个哥哥。我是从北方转学过来的。小时候哥哥很疼我，但是自从来到上海后，我和他的联系就少了。"

"你觉得这个老师像你哥哥吗？你像喜欢你哥哥那样喜欢他吗？"

"一开始我也认为对他的喜欢和对哥哥的喜欢是一样的，后来觉得不是，因为对哥哥我不会吃醋。老师，我的家庭很和睦，所以我也不像一些同学那样是因为家长离婚或者家庭不幸福才想谈恋爱的……"看来小颖对这份感情已经做过全面分析了。

"现在那位老师知道你喜欢他吗？"我想了解她对这位老师的喜欢到底发展到怎样的程度了。

"我表白了，但是他拒绝了。"

青春期的学生喜欢上老师后，许多羞涩、内向的少男少女会将感情隐藏在心中，而通过各种外在行为表现引起老师的注意。然而，个性外向、爽朗的小颖却选择了表白，这样的情况不容乐观。如果那位年轻的老师拒绝的方式不当，有可能会对小颖造成很大的心理伤害。

"他是怎样拒绝你的？"我追问。

"他说我还小，让我好好学习，他还会像以前一样对我。表面上确实没发生很大的变化，就像上次补课遇到他时，我和他打招呼，他朝我笑笑就走了。但我觉得很尴尬，现在不知道该怎么办。是继续像以前那样找他问问题，还是避开他？我心里很难过，没有办法专心学习。老师，我该放弃这段感情吗？"

"该不该放弃"是很多学生在情感咨询中提出的问题，而老师要做的是帮助他们客观地了解自我，解决内心的冲突，提高处理问题的能力。

"老师不能为你做决定，感情的问题还是需要当事人自己去处理。放弃也好，坚持也罢，都不是一时能够决定的，不要逼自己马上做出决定。对你而言，目前棘手的问题，应该是这件事情正在影响你学习吧？"

"是这样的，我没有办法静下心来学习。"

"刚才你说那位老师希望你好好学习，是吗？（小颖点头）如果你因为被他拒绝而影响了成绩，你觉得他会怎么样？"情感问题会影响学习，但不一定是坏影响。更何况，学生因为喜欢一位老师而在这门学科上成绩突出的情况也不少见。

"他会失望吧，因为这门科目我学得很好，选科也准备选它。"

"是啊！他可能会失望，也许还会自责，这样反而会使你们的关系往不好的方向发展。"

"不希望那样。我太感性了，做事不考虑后果，当初没有表白该多好，明知道是不可能的。"小颖沮丧地说。

"每个人都有感性和理性的时候，小时候我们更多的是感性地处理一些事情，但随着年龄增长，我们开始慢慢地学会理性地处理问题。你看，身边这些大人，除了工作，也都有自己所关心所爱的人，家里都有一些事情，但是为什么我们就能够处理得比较好，在工作的时候又能全身心投入呢？"

"因为你们成熟，比较理性。"小颖回答。

"是啊。经历过的事情让我们学会如何控制好自己的情绪。如果不能做好自己应该做的事儿，也许就会失去关心他人、爱护他人的能力。比如现在，老师的宝宝几个月大，我感觉每时每刻都离不开他，但我还有自己的工作，这也是我的职责，所以我必须回到学校。你说呢？"

"您每天是怎么做到不想宝宝的呢？"小颖不解地问。

"责任。责任告诉我，必须完成手中的这些工作，否则愧对自己、学生和学校。当然，累的时候我也会坐下来看看宝宝的照片。"我指着桌上放着的照片，"你不是也会和同学聊你的事情吗？"

"是的。我现在也是尽量让自己全身心投入学习中，不让自己想这些事情。实在忍不住了，就和好朋友说说。但我怕时间久了，她也会烦。下周就要考试了。"

看来小颖已经在努力尝试了。"那就可以了，你已经在培养自己理智处理问题的能力了。但这不是一朝一夕的事情，没有必要逼自己一定不去想这件事，给自己一些时间。在这段时间里，你可以去思考这个问题，和同学、我沟通或者通过其他方式表达自己的情绪，不要让情绪积压在心里。"

"好的，我继续努力试试。"

望着小颖离开的背影，我依然有一些担忧。

四天后的晚上，我收到了小颖的消息："老师，我喜欢的老师回避我。我很难过，不知道该怎么办。我现在只想和他做朋友，并没有其他想法，可他……"

"会不会是你过于敏感了？或者你最近问老师问题时可以让你朋友陪着，这样可以避免尴尬。"我回复说。

"噢，我明白了！"

"你第一次碰到这样的事情，所以你会不知所措，或许那位老师也是如此。"

"可能吧。我会努力的，不去强求，但也不希望他一直回避我。我该怎么对待他？也回避他吗？还是跟他谈一下？我很茫然。现在给他发信息除了学习上的问题他一律不回,他以前不是这样的!我是不是应该除了学习上的问题就不再联系他呢?"

"或许给彼此一点儿时间冷静一下会更好。你也没有必要回避他,和以前一样,见了面可以问声好。如果有学习上的问题,可以网上交流,但最好还是利用补课的时间当面问比较好。因为老师工作一天很辛苦,晚上也希望适当休息。"

"我知道该怎么做了。谢谢老师!"

"别忘了我们的约定,给自己一些时间处理感性的情绪,但处理完就要理性地学习。"

"我会努力学习的,那我开工学习喽!以后我有不懂的问题会经常向您请教的!"

此后,小颖断断续续地联系了我几次,她努力地调整自己。高二选科的时候,她选择了那位老师任教的科目。一次,偶然在校园里遇到她,我轻声地问:"是不是因为那位老师才选了这科?"

"不是啦!"小颖连忙摆摆手,"那件事情都过去了,我现在已经不喜欢他了,而且他马上就要结婚了,还给我们看过新娘的照片呢。她挺漂亮,挺配他的。当然,我喜欢这门学科是受到他的影响啦!"小颖不好意思地笑了笑。

聆听手记

青春期是儿童向成人过渡的时期,有人把它称为"人生历程的十字路口"。伴随性器官和其生理功能的发育成熟,性意识也开始萌发。青春期性意识的发展分为四个阶段:性抵触期、仰慕长者期、向往异性期以及恋爱期。仰慕长者,指在青春发育中期的少年常对周围某些在体育、文艺、学识以及外貌上特别出众者(多数是同性或异性的年长者),仰慕爱戴,心向往之,而且尽量模仿他们的言谈举止。此时的少年正处在崇拜偶像的年龄阶段,往往狂热地崇拜体育、影视明星,而对异性老师的崇拜乃至"爱恋"心理,也是仰慕长者期的典型表现。

处于青春期的少年心智尚未发育成熟,面对师与生的特殊身份,学生内心会产生激烈的斗争,或矛盾,或内疚,或自责,或彷徨……这些都将进一步引发情绪、人际交往等问题,从而影响学业成绩。其实,学生崇拜老师很正常,他们对才貌出众的老师,往往会尊敬、爱戴,进而产生恋慕之情,这也是青少年情感发展的正常表现。对于这样的感情,教师不需要诚惶诚恐。学生可以将这份珍贵的崇敬与倾慕之情珍藏在心底,让它成为让自己更优秀的推动力。

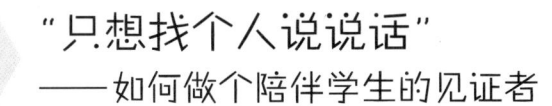

8 "只想找个人说说话"
—— 如何做个陪伴学生的见证者

冬季，刚过五点夜幕已降临，望着窗外拥堵的马路，我整理办公桌准备下班。

"老师，您要下班了吗？"耳边传来轻柔的声音，抬头一看，是高三年级的小逸。

"还没有，桌子太乱，整理一下。来，请进！"我看到她沮丧的表情说。

"怎么了？好像不开心呢？"我关切地问。

"我也说不清楚，就是觉得很难过。虽然我表面上很开心，但其实上高中以来一直都不开心，心里有很多事情都没处说，有时候会莫名其妙地哭，晚上会睡不着觉，身体一直都不好。"她断断续续地说出这些。我再追问下去，回答都是"说不清楚"。

"小逸，既然你说不清楚，我真不知道能给你什么建议。要不你体验一下沙盘吧。"

小逸在听完我对沙盘的简单介绍后，很快就选起沙具来。不到15分钟，沙盘就摆好了。

"你能给自己的作品取个名字吗？"

"嗯……孤岛吧！形状像鱼的是海洋。海洋里有个孤岛，孤岛上住着一个女孩儿，她不喜欢有太多的人打扰她的生活，觉得一个人生活挺好。她身边有两只海豚，有时会喂养它们。女孩儿左边有三颗水晶石，右边有一只海螺。远处有一艘船正在航行，女孩儿在若有所思地眺望。"

小逸的身边不乏朋友，但她却说有很多心事无处诉说，两年多的高中生活很不开心。眼前这座孤岛、远远望着船的女孩儿……这些事物之间到底有什么关系呢？

"女孩儿一个人住在岛上，会感到孤独吗？"我问道。

"不会呀！她觉得很好，因为她不喜欢被打扰，一个人的世界自由自在。"

"这些水晶石代表什么呢？"

"应该是人或者是动物吧。对，是动物。"

"为什么不是人，而是动物呢？"

"它们会无条件地陪她。"

"远处的船会驶到这个岛上吗？"

"不会，只是路过而已，但女孩儿一直眺望着它。"

"女孩儿眺望着它，心里想些什么呢？"

"或许她在期待什么吧！期待船来到这里？嗯，也许心里是这么想的。但女孩儿不会到船上去，因为现在的生活状态很好，只能够允许一个人来到这个岛上。对，不能多，就那么一两个。"

小逸突然停下来，我静静地等着，心想也许有什么触动了她的内心。

过了一分多钟，小逸笑了一下说："我现在觉得这个女孩儿好像就是我。我不喜欢被别人打扰。从小到大，爸妈管我很严，不让我随便出去玩儿。我知道他们是为我好，所以不会怪他们。但我会抓住一切机会玩儿，很会给自己安排。所以表面上我被管得很厉害，实际上我的朋友很多，有同龄的，有年纪比我大的哥哥、姐姐，他们有的是大学生。我还通过网络、手机等认识了一些人，有些人还是很不错的。爸妈说我的朋友都是狐朋狗友，只能够在一起吃喝、聊天儿，没有真正能够说真心话的。其实，我那些朋友总喜欢打听我的隐私，问我心里在想些什么，但说了有什么用呢？他们不能理解我，也无法理解。真正可以理解我的，就只有一个初中时的朋友。我和她的关系很特别，我们不是好朋友，刚刚认识她就离开了，但不用我说，她就知道我在想什么。我们分开后并没有经常联系，但每次在我最需要的时候都能得到她的关心。这真的是一种很特殊的情感。是亲情，还是友情，我说不出来。总之，她在我心中占据着特殊的位置。我感觉离不开她。我是一个很自我的人，不喜欢别人干涉我的事情。我希望在我需要的时候有人出现，不需要的时候不要来打扰我。"说着说着，小逸哭了起来。

这位初中时的好朋友很能读懂小逸的心，也正是因为这么一段友谊，小逸总希望其他朋友也能读懂自己，但这似乎不那么容易，这让她始终无法与其他朋友亲近。

"我现在想加一个人，可以吗？"小逸问。

"当然可以。"改变意味着转机，意味着希望。

"是刚刚想到的，应该有另一个人存在吧！……算了，还是不加好。"小逸又否定了自己的想法。

"其实你还是渴望沟通的，希望有一个人能够说说话，但又不希望被打扰。"

"应该是吧。只想找个人说说话，又怕被了解，好像很矛盾。"

"你觉得现在的生活被打扰了吗？"

"是的。我觉得高考没有那么重要，考上会怎样？没考上又会怎样？老师为什么要管那么多？这只是生活的一部分而已。我觉得生活应该有其他东西，所以高考并没有影响我什么。我在难过什么呢？到了晚上，我就睡不着，心情不好的时候晚上就会做噩梦。如果我说要改变一件事，比如我说，要好好学习了，可能一天两天还是老样子，但只要我真的决定要学习了，我就一定会做到。就好比和他说不见面了，我到现在也没有见过他。我有时会莫名其妙地走到我们曾经一起喝奶茶的地方，然后发现自己怎么会在那里，就赶紧离开。我和他是偶然认识的，他说他注意我好久了，但我都不知道。我们不用做过多的言语交流，有时只要看着对方，就知道对方在想什么。我和他之间的关系是很奇妙的，说不清楚，不是亲人，不是朋友，不是情人，都不是，但就是不能缺少。可是我明白，我们这样的关系不好，我不能打扰他的生活，不能成为众矢之的。所以，当我决定离开他，不再和他联系的时候，我就再也没有去过那家店，没有打过他的电话。可是，晚上到了固定的时间没有接到他的电话或者信息，心里就很难过。我在房间里走啊走，拨通电话后又挂掉，就这样反复半个多小时，但过了这半个小时，我就好了，明白我们不能这样下去。以前也分过几次，但都因为其中一方没有坚持而失败，这次我是真的下定了决心。只要我下定决心，就能做到。我就是这样一个人。"说到这里，小逸又停下来了。

我似乎明白了，小逸正在饱受一段情感的困扰。而对于这段感情，小逸不愿意再深入交流。

"小逸，你很渴望身边有一个能够说话的朋友，是吗？"

"应该是吧。但身边没有这样的人，或者我觉得没有。我希望是别人走进来，而不是我走出去。我希望我的朋友在我需要的时候会来，在我不需要的时候就会离开。"

"现在你正受一段感情的困扰，虽然决定结束，但结束并不是件容易的事情，会有很多思绪时不时地干扰你，而现在身边又没有可以说说心里话的朋友，这些事情都影响你高三备考。"

"那我应该怎么做呢？"小逸用渴望的眼神看着我。

"不要逼自己去做一些事情。比如，逼自己不去你们曾经喝过奶茶的地方，逼自己不去想曾经做过的事情。给自己一些时间和空间去处理这些情绪，而不是逼自己马上把问题解决掉，因为情感问题的处理需要时间。同样，也不要逼自己去向某位同学敞开心扉。当你觉得这个人值得信任的时候，你愿意告诉他你的故事的时候，就尝试迈出一步。跟随自己的心走，顺其自然也许会更好一些。"

"就像我想找您聊聊，今天就自然而然地走过来了，说出来感觉心里舒服多了。"小逸笑着说。

"是的。所以你并没有像孤岛中的女孩儿那样只是守望着，你主动迈出了一步。"我微笑着对小逸说。

"或许我以后还会来找您，或许不会了。"小逸用征询的眼神看着我。

"你自己决定,我会一直在这里。"我笑着回应。

聆听手记

工作中,时常会遇到这样的情况:有些学生不懂得如何表达自己,就好像今天的小逸。老师只需要作为"静默的见证者",采取接纳的、理解的、赏识的态度陪伴她,适当提问,帮助她正视自己的内心世界即可。

小逸在讲述孤岛女孩儿的故事时,很快就发现导致自己情绪不佳的原因是孤独。在一个多小时的交流中,她多次提到了父母对她的限制很多,她虽渴望自由,但也理解家长;多次提到了和初中好友的友谊让她难以接受其他朋友,内心孤独;多次提到了她很自我,希望朋友能够主动关心自己;多次提到了现在的感情让她受到困扰,无法摆脱;多次提到了这个世界上对她来说最重要的就是亲情,还有那个朋友,或者还有他。

亲情、友情和爱情,是人世间最珍贵的三种感情,也最容易让人产生困扰。小逸对父母的关爱既理解,又排斥;对友情既充满期待,又带有怀疑;对爱情既无法割舍,又必须离开。这样三种感情困扰着正在紧张备考的小逸,让她思绪混乱,喘不过气来。其实,对于这三种感情,小逸在交流过程中已经明确,父母的爱是不可否认的,好友离开也是为了更好地发展,感情的结束在当下看已是必然。因此,困扰小逸的是身边没有人能够在尊重她交友原则的基础上,聆听她的烦恼,给予她一些支持。

"我希望我的朋友在我需要的时候会来,在我不需要的时候就会离开",小逸的这句话一直留在我的脑海中。我希望我们的老师也能成为学生那位需要时愿意聆听,不需要时不再追问的朋友。

9 "我是谁"
——如何帮助学生客观认识自我

"我有哪些优点、缺点？""我想干什么？""我能干什么？""茫茫人海中我的位置在哪里？"……几乎每个青少年在青春期都开始有意识地认真思考这些问题，这也是美国心理学家埃里克森（Erik Erikson）提出的自我同一性理论探讨的问题，青少年此时的心理任务是建立自我同一性与防止同一性混乱。建立自我同一性意味着一个人有能力按照社会规范去生活，意味着能在既定的现实中找到自己的位置，并能在这个位置上奉献自我，实现自己的价值。如果不能完成自我同一性的建立，青少年就会处于犹豫、迷茫和彷徨中，就会缺乏生活目标与方向，无法发现自我、认识自我，缺乏责任感、自尊心和自信心。

通过一系列探索，如果个体发现，自我设想的"我"和自己体察到的社会人眼中的"我"是一致的，且是积极的，就会获得积极的同一性。

一天，心理信箱里收到了学生小杰发来的一封信：

我是一个看谁都不爽的人。

我是一个心胸狭隘的人。

我是一个嫉妒心强的人。

我是一个废话连篇的人。

我是一个没有自信的人。

…………

你是一个很逗的人。

你是一个话多、风趣的人。

你是一个善于表达自己的人。

你是一个自恋的人。

你是一个超级自恋的人。

……………

这是在"我是谁"课上我对自己的评价和同学们对我的评价。有人说我很自恋，对此我很难过。虽然我有很多缺点，但我觉得自己不是很自恋，到底是我了解自己，还是别人更了解我？我是一个怎样的人？我到底是谁？

从5岁起，我就能记事了。8岁时，我十分幼稚，常常幻想一些匪夷所思的事物。我总觉得自己死掉后，地球将不复存在。我脑海中常浮现出地球毁灭的场面。这个世界和我是一体的，那种感觉是说不出来也无法形容的。如果我死掉了，地球就会毁灭，世界将被摧毁，我的死期也就是世界末日！

可能，我就是与世界连在一起的神话吧！

看完小杰的信，我想起了在"我是谁"课上，我让每位学生完成20句"我是一个＿＿＿＿的人"，同时也让他们收集20句同班同学的评价"你是一个＿＿＿＿的人"。

小杰的20个自我评价中，没有一个是积极的，没有一个是优点。相反，同学给他的评价中指出了他的许多优点，非要说是指出了缺点的话，也就是"自恋"吧。为什么小杰会如此在意呢？

我把小杰约到了心理咨询室。

"小杰，每个人都有一些不足，你看同学们对你的评价绝大多数都是说优点，也就两位同学说你有些自恋，你为什么这么难过？"我不解地问。

"其实，我有很多缺点，平时尽量克制自己不表现出来，大家只是不知道罢了。"小杰解释说。"老师，平时我比较喜欢耍酷，开玩笑，这样大家都可以开心点儿，我也不在乎当小丑，难道这就是自恋吗？自恋是不是精神病？"

"自恋是形容一个人自我陶醉的行为或习惯，但同时也可以是一种自信的积极的态度，这对个人的发展有积极的一面。当然，过度的自恋可能会变成病态。我们整个社会是允许适度自恋的，因此，如果没发展成极端的情况，自恋被视为健康心理的重要元素。"我给小杰做了解释，帮助他客观地了解自恋的概念。

"你看，同学们说你风趣、善于表达自己，相信这些都是对你平时想方设法逗大家开心的认可。而这两个'自恋'——"看着紧挨着的两句"自恋"的评价，我突然意识到了什么。

"小杰，你知道这两句话是谁评价的吗？"

"第一句是小佳，第二句是小辉，他们都是我的好朋友。我想既然是好朋友，应该能看到我的一些优点，没想到他们却说我自恋。"

如果我没记错的话，小佳、小辉和小杰一样，心地善良，爱耍酷，爱表现，有时说话也不经大脑思考。只看到自己缺点的小杰，也许并不在意其他同学的评价，却非常在意这两位和自己形影不离的朋友的评价。

"你有没有问过他们为什么说你自恋呢？"

"没有。"

"既然他们都是你的好朋友，而你又这么在意这些评价，或许你可以问一下他们为什么这样评价你。如果他们说得有道理，我想这会成为你完善自己的一个好机会；如果没有道理，你也可以做一下解释，促进彼此的友谊。你说呢？"我提示小杰。

"那我问问再说吧。"

"好的。等你问出结果后，再来找我。"

两天后的中午，小杰、小佳和小辉三人一起来到了办公室。小杰不好意思地挠挠头，说："老师，他们说是和我开玩笑的。"一旁的两个好友傻呵呵地咧嘴笑。

"嗯，这个玩笑可是让你们的好朋友烦恼了几天哦！"看着两个"小傻瓜"，我善意地"责备"着。

"但是老师，为什么我会觉得如果我死了，地球就不复存在了呢？您看，因为我活着，身边发生了很多事情，我真的觉得这个世界是围着我转的。"自恋的困惑已经消除了，小杰又提出了问题。

"小佳、小辉，你们有和小杰一样的感觉吗？"

"是啊，我也有这种感觉。"一旁的小佳应和着。

"我也有过这些想法，每个人应该都会有这种感觉吧。因为每个人都只能感受到自己可以看到和体验到的事情。"小辉说。

"是的，我也有过这种想法。每天我们周围的世界都一样，但是每个人的感受都不一样。这是因为每个人都在以自己的方式看周围的世界，感受周围的世界。如果有一天我们不再能感受，那也只是我们心中的世界没有了，而其他人心中的世界却仍然存在。"我说。

"噢，原来老师也有这种想法，那我应该就不是什么神话，也不是精神病。我没什么问题了，谢谢老师。"小杰起身拍了拍好友的脑袋，拽起两人打打闹闹地离开了。

望着他们的背影，我想对同样有这些困惑的孩子们说，请珍惜人生中每一次珍贵的成长经历吧！请保持与家长、老师、朋友、同学的交流，进一步了解自己吧！请学着辩证地看待自己，在分析自身优势和劣势的时候，不一味自我膨胀，也不过分自轻自贱。要保持良好的心态，客观理性地分析自己，了解自己，扬长避短，不断成长。

聆听手记

埃里克森认为，人在成长过程中除了生理性的冲动外，还有一种注意外界并与外界相互作用的需要。个体人格的健全发展是生理、心理和社会文化交互作用的结果。他据此将人生分为八个阶段，认为人生的每一阶段各有其特定的矛盾或问题，均视其为危机与转机的关键。这里的危机不是指灾难性威胁，而是指发展中的转折点、成长中的契机。进入青春期后，青少年的身心经历着疾风迅雨般的变化，他们开始特别关注自己的形象，对自己的形象重新进行认同，也认识到社会对自己提出了新要求。这使得青少年处于心理冲突中，体验着各种困扰和混乱，开始思考"我是谁""我想干什么""我能干什么"等问题。他们会运用积累起来的关于自己和社会的知识进行仔细思考，并做出种种尝试性选择。他们可能会关注同龄人的评价，可能会离家出走，可能会尝试加入一些团队组织，可能会尝试药物和性体验等。我们通常看到的亲子矛盾、网瘾、毒瘾、早恋、性心理混乱等青少年的问题，很多都是自我同一性混乱的问题综合征。

人贵有自知之明，唯有认清自己，才能扬长避短。在青少年形成自我同一性阶段，我们在允许他们进行各种各样尝试的同时，更要加强积极引导，帮助他们学习决定自己的行为，客观地认识自我，接受自己的不足，从而帮助他们将自己的过去、现在和将来整合成一个有机整体，确立自己的理想与价值观念，并对未来的发展做出自己的思考，获得更稳定、更巩固、更积极的自我认同感。

10 新来的转学生
——如何与转学生建立信任关系

"老师,我们能在您这儿待会儿吗?"小宁推门便问。

"当然可以,进来吧!"我起身欢迎。小宁是心理社团成员,随她进来的有转学生小芸,还有一位嘟着小嘴低着头的女生。

"老师,这是娜娜,前些天刚刚转到我们班,也是我的初中同学。"小宁向我介绍那个低头的女生。

"你好,娜娜!"我主动打招呼。

"您好!"回答简单干脆,一秒钟的眼神交流让我看到了她充满怀疑和冷漠的眼神,以及满脸的怒气。

"怎么了?娜娜好像有情绪呢!"我关切地问道。

"发生了很多事情,班主任和年级主任对她有误会,刚刚还找她谈话了。"小宁慢慢地道出了事情的原委。

娜娜初三以前的学习成绩还可以,初三时家长的管教变得严格起来,她产生了逆反心理,导致成绩下降。中考后娜娜进入一所普通高中,结交了一些社会上的朋友,言行以及打扮都有些不符合家长和老师的要求,于是家长给娜娜办理了转学手续。刚转来时娜娜和班里同学不熟,不怎么说话。虽然她对新学校严格的管理情况早有耳闻且有心理准备,但依然有些排斥。幸运的是,初中同学小宁正好在这个班里,娜娜能和她说上几句话。班里的转学生小芸、从其他班调进来的学生小燕也会主动与娜娜沟通。很快,由于原来的好友留级而落单的小欢也和娜娜玩儿在了一起。一下子,孤单的娜娜就组建了一个五人"温馨小队"。

"一开始，年级主任、班主任和其他老师都挺关心我的，我觉得很温暖。但因为成绩不理想，我心中有一些内疚，想好好学，可毕竟高一一年荒废了，现在许多知识点都听不懂。"娜娜委屈地说。

"你说一开始老师们都挺关心你，但刚才小宁说你和老师产生了矛盾，这是怎么回事呢？"我疑惑地问。

"可能是因为我撮合原来学校的好朋友与班里一位男生谈恋爱吧！班主任知道了这事儿，就找我谈话。我知道做错了，所以在中间做了沟通工作。好朋友愿意结束，但男生不愿意放弃。好朋友担心分手后男生的成绩会受到影响，因此两人依然保持来往，现在具体的情况我也不清楚。但这件事情后我还没有感到老师对我的态度有明显变化，直至最近一次活动中，寝室里的同学都没有去洗澡，班主任认为是我带动大家不去洗澡的，因为我说过不喜欢在家以外的地方洗澡。在后来的钓鱼活动中，我因为所在的区域钓不到鱼，就跑到能钓到鱼的男生那边钓。当时老师就说我喜欢往男生堆里扎。在回学校的路上，因为车子后排比较宽敞，我就跑到后排坐，又被老师认为我喜欢往男生堆里扎。"娜娜道出了一连串的委屈。

"那今天是什么原因又找你谈话了呢？"我追问。

"活动课上几位同学没有下楼活动，班主任发现几个人都围在娜娜身边聊天儿，就认为娜娜带坏了那几个人。"小芸补充说。

"我觉得自从撮合好友谈恋爱后，老师就对我有偏见。我很想找老师好好谈谈，但不知道该怎么做。"娜娜一脸无助，小宁和小芸一边安抚她，一边对我点点头。

"原来是这样啊！看来是有好多误会，能不能给我点儿时间让我也了解一下呢？"听完娜娜和小宁她们的陈述，我隐约感到还有一些细枝末节的信息需要去了解和补充，便征询她们的意见。

"我们知道您会很为难，如果您向着我们的话，可能会影响您和其他老师的关系。但不和您说还能和谁说呢？"小宁叹了口气。

"谢谢你们的信任。也许我无法帮助你们化解误会，但说出来你们会好受点儿。"我安慰她们。

第二天我向娜娜的班主任了解她的情况。班主任反映，娜娜转学进来后，发生了一系列事情：染发、撮合同学谈恋爱导致同学成绩下降、在活动期间散布水管脏不能洗澡的言论、放学时有一群社会上的不良朋友在学校附近等她。这一连串由她引发的事情打破了班级原有的和睦与宁静。班里一些同学的思想已经受到她的影响，她给班级的管理工作带来了严峻的挑战。而娜娜对这些事情的解释则是，学校无人告知其校规；同学恋情的发展非她所能控制；学校的管理制度过于严格，应该给予相应的调整等。

不久后的一天中午，娜娜、小宁、小芸来到我的办公室。不知是谁聊起了老师这个话题，娜娜说："我不喜欢老师，虽然有一些老师还不错，但在他们眼中，我总是一个坏学生。"

"娜娜，你知道我第一眼看到你时有什么感觉吗？"我笑着看向她。

"不知道。什么感觉？"她问道。

"你的眼神里充满了怀疑、排斥和冷漠。当时我心里有些紧张，一个念头就是这个学生不简单。后来你们说的那些事又让我觉得，也许你是因为那天被老师找去谈话后心中有诸多委屈，才会有那样的神情。但后来好几次在学校里遇到你，或者远远看到你，我发现你都是那样的眼神，而且，我没有看到你笑过。"我坦诚地说出自己对娜娜的印象。

"怎么会呢？我其实是一个比较快乐的人！和我比较熟的人都认为我的性格还好，并不是不善言辞的那种。我觉得自己为人坦诚、直率，也不喜欢别人遮遮掩掩的，喜欢有话直说，最讨厌别人对我产生误解。"娜娜反驳说。

"那小芸你呢？小宁和娜娜是初中同学，而你和我一样，是这学期才认识娜娜的，她给你的感觉是什么？"我转身问小芸。

"说实话哦，"小芸看了看娜娜，"一开始接触的时候感觉你这个人比较冷淡，就像老师说的那样。你的眼神和表情中有些杀气，而且我认为这种表情是会给人一种坏学生的感觉的。你容易和老师产生矛盾，是因为你说话太直接。"

娜娜吃惊地看着小芸，而我和小宁则是会心一笑。

"不过接触多了就会发现,其实你是比较直率、简单的人,很多话没有仔细思考就说出来了,容易成为那个出头的人。"小芸尴尬地打了个圆场。

也许正是这次谈话触动了娜娜的心弦,慢慢地,娜娜在和我的交流中流露出了温柔的眼神和会心的笑容。也正是这次坦诚的交流让娜娜正式走进了我和小宁、小芸的交际圈。用娜娜自己的话说是,因为信任小宁,所以信任她推荐的老师。因为信任,所以彼此了解,也由此打开了心扉,改变了她对老师的一些看法,也改变了她自己。

聆听手记

转学生娜娜确实给班主任的工作带来了极大的挑战,但为什么一个转学生会具备如此大的号召力呢?

事实上,只不过是同学从她身上看到了自己的影子。娜娜并非从小就讨厌老师,只是有青春期叛逆的言行和不合校规的言行。她感觉总能从老师的眼神中看到怀疑、冷漠和放弃,因此,她也用这样的眼神和姿态保护自己。

慢慢地娜娜知道了,要改变别人对自己的看法,要从改变自己开始。她找到了朋友,眼神中不再充满怀疑和冷漠,也会笑了。

毕业几个月后,娜娜给我写了一封信:"暑期打工后,我发觉同学和同事不一样,有困难的时候,同学都会想办法帮助你,但同事可能是表面上安慰你,背后却算计你。老师和老板不一样,你若犯了错误,老师会苦口婆心地开导你,包容你的一切,但老板会把你开除……感谢老师们当初没有放弃我,给我成长的时间。"

是的,我们都希望学生能够现在就知道师长的良苦用心,但实际上,他们的成长需要时间,需要师长耐心引导和等待。

第 3 辑

亲子关系：叛逆与包容

　　青春期的孩子生理发育速度快，但心理发展却难以跟上生理发育的步伐。他们迫切希望摆脱成年人的监护，却又无法真正独立；他们以批判的态度回应权威，却又有失客观；他们期待独立做决策和行动，却又难以独自应对挫败；他们期待他人的关心与认可，却又不愿因成为焦点而承受压力……这些容易导致心理矛盾和危机。

　　家长和教师要正确认识青少年的心理发展特点，与他们建立亲密、平等的关系，给予信任与包容；发现他们的闪光点，给予鼓励与认可；相信他们有独立做决策的能力，给予他们"权利"；理解他们对成长的渴望，允许试错，耐心地给予积极的引导与支持。

1 "也许爸妈不该改变"
——如何引导学生走出高原期

望着雨中的校园，我不禁哼起《三月里的小雨》这首歌曲。而小君也正是在此时流着泪走进了心理咨询室。

"我实在受不了了，就像世界末日要来临一样，现在的我，看到天上的云都觉得是灰暗的。以前我对高考充满信心，学习很有冲劲儿，但现在我什么都学不进去，每天脑子里都在想乱七八糟的东西。我睡不好，没有了以前那种对大学的渴望，也没有了学习的动力。"小君哭诉道。

"这种情况是从什么时候开始的？"我参加了年级的质量分析会，知道小君的成绩一直优秀。突然出现这些情况，显然，她发生了什么事情。

"开学后的两三天。"她答道。

"在那之前都像你自己所说的，对考大学充满希望，学习也很有冲劲儿，是吗？"我需要和小君确认发生改变的时间。

"是的。"小君肯定地点点头。

"那么开学后的两三天发生了什么事情？"我追问。

"也没有什么。"她说。

"考过试吗？"成绩往往成为影响学生情绪波动的主要原因。当然，还可能是人际关系、情感问题等原因，所以需要一一了解。

"考过，有两三次小测验，但考得不理想。"

"那你在乎测验成绩吗？"

"不能说特别在乎，但我对每次考试都很重视。我每天都想办法让自己不去想，控制情绪，但还是不能静下心学习。爸妈为我改变了许多，如果我考不好，怎么对得起他们？也许爸妈不该改变！"在高三学生的心理咨询中，我经常能听到类似小君这样的表述。

"爸妈做出的改变给你带来了一些压力，是吗？"

"他们为了我已经不吵架了，家里气氛很好，可我还是学不进去。我总想着我要是考不好就对不起他们。其实，上学期我已经出现过睡眠不好、没办法静下心来学习的情况了。一开始我跟他们说了我的情况，他们说要带我去看一些迷信的东西。我想看看也许有用，就去了，还喝了一些乱七八糟的东西。之后好了一点儿，但接下来又不行了。"看来小君的问题在上学期已经出现，而家长却选择了用封建迷信的方式解决。

"你是说学习状态不好时，你会觉得对不起爸妈？"我问道。

"是的，我甚至会想到死。"

"死了之后会怎么样？"

"我没想下去，因为我不敢想。我看了一些资料，担心自己是不是得了神经衰弱或者抑郁症。因为我晚上睡不好觉，经常胡思乱想，饭也吃不下，现在都硬逼自己吃饭。要是真得了抑郁症该怎么办？"

小君的这种"贴标签"行为令人担忧。心理学中有一种效应就叫"标签效应"，因为标签具有定性、导向的作用，所以无论是好是坏，它对一个人个性意识的自我认同都会产生巨大的影响。给一个人贴标签的结果，往往是使其向标签所预示的方向发展。

"并不是晚上睡不好、胡思乱想、吃不下饭就是抑郁症。要确诊为抑郁症，需要符合很多临床症状，更何况抑郁症并非绝症，也是可以治疗的。"虽然没有详细了解小君的情况，但必须先让她对抑郁症有一个基本的了解。

"你的问题主要还是由高考引起的紧张。其实，你的症状说明你进入了高考'高原期'，这是很多考生都会经历的一个特殊时期。在这个特殊时期，学习效率会降低，注意力无法集中，学习成绩不仅没有提高，反而会下降，人也会处于高度紧张中。"我引导小君。

"那会导致晚上睡不好觉吗？"她马上问我。

"都说日有所思，夜有所梦，情绪紧张会导致一个人心烦气躁，影响睡眠质量。比如，晚上会很难入睡，或者入睡后容易惊醒，会做噩梦，等等。除此之外也会影响饮食。"我回答。

"我现在就是这个样子，睡不着觉，很容易醒，而且心浮气躁。"

"开学后几次小考失利以及下周即将到来的模拟考试，再加上你对自己的要求比较高，又不想辜负父母，给你造成了过大的压力。你一时无法调节，就出现了这些情况。"

"那我该怎么办呢？"小君着急地问。

"其实，我们每个人的生理和心理都有一定的周期。你是不是发现自己有一段时间学习状态和精神状态都特别好？"小君点点头。

"那个时候，你正处于生理和心理周期的波峰状态。但有波峰就有波谷，到一定时间后，我们的生理和心理就会疲劳，从而跌入波谷状态。现在的情况显示你可能正处于波谷状态，每个人都有这样的经历。首先，你要感到高兴。因为相对于很多同学来说，你是幸运的。有些同学会在高考前的一个月遇到这种情况，那样会使人更加紧张。而你现在就遇到了，也就拥有更多时间进行调整，你应该感到高兴。"我先要改变小君的认知，引导她从积极的一面看待目前的困境。

"其次，你要允许自己用一段时间调整，至少一两周吧！"

"可下周就要模拟考试了，我要是考不好怎么办？"我这才知道小君哭着来的真正原因。模拟考试对高三学生的意义不言而喻，小君越是急于走出目前的困境，就越手足无措。

"所以，你要有充分的思想准备，下次考试你可能会考得不理想，因为从开学到现在，更具体地说是从上学期开始，你的学习状态就不好了，这必然会影响你的模拟考试成绩。如果考不好，那是正常的；如果考得不错，说明你的心态调整得很快。"

小君点点头："如果我努力调整了，还是不行，怎么办？"

"你看，你事情都还没有做，怎么就想着不行呢？我们做任何事，都要做好失败的心理打算，有时并不是付出了就一定有收获，但这是不是意味着我们就不去做了呢?"我反问。小君摇摇头。

"所以,在结果还没有出来前,不要总去想坏的结果。把你的注意力放到过程上来。试着不要总想着如果我不好怎么办、如果不行怎么办。不要总拿现在的自己和以前充满激情的自己去比较,也不要拿自己和其他同学去比较,而要把所有的注意力、精力放到如何做好现在要做的事情上面来。你可以和自己进行积极对话。比如说,老师布置了十道题目,你只做出一道,如果因此你就懊丧地想:'十道题目只做出一道,我怎么这么笨?这样我还怎么参加高考?'那你是不是会越想越烦躁,越来越没法儿集中注意力学习呢?"听了我这番话,小君点点头。

"如果你换个角度想,十道题目只做出一道,虽然不理想,但幸好这不是高考,那么接下来你会想什么、做什么呢?"

"我会想我怎么才能把这些知识点弄懂,问老师,问同学,然后应该会去做一些事情吧!"小君思索了一会儿答道。

"是啊。面对同样一种情况,我们看待它的角度不同,紧接着的想法和行动就会截然不同。比如,看到下雨天,很多人会想:'下雨天真讨厌,天阴沉沉的,到处湿漉漉的。'这么一想,人的心情必然会很糟糕。但我不这么想,下雨天多好啊!雨水可以把马路上的灰尘、墙壁上的灰尘都冲洗干净,等天晴了,环境就会好很多。你看,面对同样的情况,考虑问题的角度不同,心情是不是就不一样了?"

"是啊。"小君恍然大悟。

"所以你在学习中要尽量避免从消极的角度去思考问题。还有,你晚上睡不着,有时数羊或者逼自己睡,反而更无法入睡,还会胡思乱想,对不对?"

"是的,越想越烦。"小君深有同感地点点头。

"既然睡不着,与其躺在那里浪费时间,不如爬起来,拿起书本,哪怕背一个英语单词也好。英语老师不是要求你们每天都背单词吗?本来你今天只背了20个单词,现在又可以多背一个。你看,现在离高考还有100多天,积累起来,你就能多熟悉100多个单词,这样岂不是更好?"听了我的一番话，小君终于破涕为笑。

"走出这段高原期之前，你可能会有一些反复。如果你今后心里还是很难过，状态不好，要及时说出来，不能憋在心里。当然，不能再采用迷信的方式去解决问题了。作为知识青年，你应该知道迷信的危害。"

"我从一开始就想自己解决，所以就憋在心里，结果是越来越糟糕，看来应该早点儿来的。"小君不好意思地笑着说。

"很多人都会这么做，但你的情况不一样。因为你即将面临高考，没有太多时间去处理这些情绪，所以要及时和老师或者你信任的朋友沟通，请求援助。其实，有时候你把事情说出来后，心情就会好很多。如果一直憋在心里，你就会越来越难受，就像一杯水搁置久了，早晚有一天会发臭一样。我们的心的容量是有限的，只有及时清除消极情绪，才能够腾出更多空间装积极情绪。"

小君擦干了眼泪，带着微笑走回教室。

七月的一天，我的手机响了，电话那头传来了小君喜悦的声音："老师，我被大学录取了，感谢您这半年来的陪伴和帮助……"

聆听手记

"为了孩子，我们愿意改变""为了孩子，我们连电视都不看了，走路都是轻手轻脚的""为了孩子，我每天上下班路上都在想晚上烧什么菜"……是的，为了孩子，父母可以放弃一切，也可以做到一切。但殊不知，这些做法无形中反而增加了孩子的压力。小君的一句"也许他们不该改变"，在夹杂着感激的同时更多的是担忧和自责，吐露出许多考生的心声。他们担心考试成绩不理想对不起父母的关爱，而这种担心会成为他们全力以赴备考和应考的障碍。因此，教师应成为他们的倾听者，纠正他们的不良想法，帮助他们走出担忧的情绪。

2 "我是家里的空气"
——如何引导学生认识自我存在感

周末晚上,临睡时,手机铃声突然响起,是学生小陆父亲的来电。"老师,小陆又离家出走了。这次他买了火车票离开了上海,我该怎么办?手机能打通,但他就是不接电话……"小陆的父亲万分焦急地说。

因为已不是第一次收到小陆离家出走的消息,所以我淡定了许多。根据以往的经验,这个"万事通"的父亲总能通过各种关系找到小陆的踪迹,最终将小陆平安带回家。一番安慰后,我提醒他联系小陆的女朋友以及一位堂姐,因为这两人是目前小陆最有可能保持联系的人。

等待了两个小时后,我终于拨通了小陆父亲的电话。小陆一下火车就被父亲在当地的朋友"稳住"了。

放下电话,我长长地叹了一口气。说实话,对这个习惯在周末离家出走的孩子,我曾经有过许多担心,但大多数情况下,新的一周他都能正常来到学校,就好像什么事情都没有发生过一样,在班里跟同学说说笑笑。

"我不想成为家里的空气",耳边响起了第一次做咨询时小陆说的这句话,这也是他喜欢周末离家出走的理由。

小陆第一次离家出走是在高一入学后不久,因为和青梅竹马的女朋友产生了矛盾,周五放学后他便一声不吭地离开了家,住在女朋友家附近的酒店。双方家长属于世交,对于这段感情,他们的态度是既不认可也不阻止,没想到小陆如此任性。幸运的是,当晚就找到了他。

周一早晨,小陆在班主任的陪同下来到了心理咨询室。他父母在接待室等着。对于被班主任带来做咨询,小陆说并不觉得意外,也没有觉得有什么不可以说的，于是滔滔不绝地讲述起家里的情况。

小陆家境优越，有家族企业。"好像没有我家族里的人办不到的事情吧！"他如此形容自己家族的综合实力。"在国外的大学学习经营管理类专业，接受岗位磨炼，继承家业，这是家族中长子的既定人生，我不能反抗。男孩儿从小被教育，在外面受了委屈回家哭诉是无能的表现，而女孩儿却可以获得长辈的百般呵护与宠爱。"

听了小陆的描述，我像看了一部家族剧。小陆从小生活在这样的家族中，不信任身边人，失去了原本的善良与天真。"棍棒底下出孝子"是家族传统的教育方式，因此，"家族中的男孩儿都很少和家长沟通，许多不开心的事情都会瞒着家长自己解决"，小陆无奈地诉说着。

对父辈百般严厉的爷爷，对孙辈却十分疼爱。小陆被寄养在爷爷家的那段日子，爷爷成了他在家族中唯一的听众以及唯一能够理解他的人。"我对爷爷的感情超过对父母的。对我来说，爷爷要比他们重要得多。"小陆如此形容自己和爷爷的关系。长期的寄养生活让小陆和父母之间产生了隔阂，纵使回到父母身边，他也不知如何沟通，反而经常想念爷爷。爷爷病重时，小陆已随父母来上海读书。因为爷爷去世时正值期末考试，父母隐瞒了消息，导致小陆没能参加爷爷的葬礼。小陆对此一直耿耿于怀，由此产生的负面情绪导致他的学习成绩一落千丈。

小陆父亲继承了家族的教育方式，对他也比较严厉，从小到大经常打骂他。"或许因为这样，小陆才比较胆小，比较敏感吧！"在第一次见小陆的家长时，小陆的母亲如此解释。而在小陆的印象中，最令他恐惧的一次是上初中时，父亲生气地将他拎起来要吊在三楼窗户外面。也正是从那次开始，小陆不再与家长有更多交流。

事实上，小陆内心依然非常渴望得到家长的关注，但这些期望最终都落空了。"他们认为妹妹什么都比我好。在家里，我感觉自己就像是多余的。看着他们三个其乐融融，我觉得我是家里的空气。"小陆这样描述自己的家庭生活。

"在学校要比在家里开心，还有同学说说话，能感觉到自己是存在的。

心情烦躁的时候，一个人到外面也会感觉比在家里好很多。其实，在学校期间我是不会外出的，因为学校还不错，而且我也想好好学习。但是到了周末在家里的时候，心情就会很烦躁，所以才会离家出走。"说这句话的时候，小陆笑着看我和班主任，似乎是在告诉我们不需要担心，他只是找个地方安静一下。

"你除了需要一个人安静一下，还需要什么？"尽管这次离家出走的起因是和女朋友产生了矛盾，但在一个多小时的交流中，小陆提到的大多数是家庭，是对父母忽视自己的不满。

"其实，我心里很明白，我逃不出他们的如来神掌，他们不可能找不到我。被爸妈找到的时候，我并没有感到高兴，反而有种说不出的感觉，或者说感觉不是很好。我也明白这不是解决问题的办法，但是我没法儿主动和他们沟通。"小陆这么回答。

小陆的问题在很大程度上是长期以来不良的亲子沟通方式，以及家长不当的家庭教育方式导致的。离家出走这个行为看似幼稚，实际上是他在试探家长是否真的在乎自己，想弄清自己在这个家里到底有怎样的地位，同时也想找一个独处的空间。独处后就不存在无法融入家庭的孤独感了。小陆真正需要的是家长的关心。

我们和小陆的父母也做了沟通。他们反思了自己在家庭教育中的不当之处。

咨询的最后，我对小陆说："要求家长改变家族传统的教育方式，并不是一件容易的事儿。因此，你也要改变。沟通是双向的，需要共同努力，而离家出走是一种逃避行为，会让家人生气和担心，会让你离这个家更远。"

改变不是容易的事儿。周末的晚上，小陆又出走了，而他父亲再次踏上了寻子之路。真的希望有一天，小陆"旅行"时不再孤独，而是一路有家人的陪伴。

聆听手记

在许多人看来，离家出走是一种逃避行为，但对小陆而言，这或许是一种寻求自我存在感的方式。纵使小陆明白自己作为男孩儿对整个家族的重要性，但这个重要性和平时父母对自己的忽视，以及粗暴的家庭教育方式形成了鲜明的对比，这让他对自己的重要性产生了质疑。而同为子女却不用履行接班人义务的妹妹，却被父母悉心呵护。这又令小陆百般羡慕。

无论怎样做，小陆都始终无法获得父母的关心与爱护。看着父母与妹妹之间温馨的一幕幕，小陆觉得自己就是家里的空气。家是他最害怕、最不愿意面对的地方。与其被忽视，还不如离开，于是他经常离家出走。

尽管小陆自身存在个性敏感，遇到问题习惯推卸责任、回避等问题，但这在一定程度上源于家长粗暴、冷漠的家庭教育方式。青春期的孩子不仅需要家长在物质生活上的关心，更需要情感方面的支持。时代不同了，家庭教育方式应该与时俱进。与青春期的孩子一起成长，应是家长的一门必修课。

3 她为什么难以入眠
——如何引导学生应对失眠

结束了一天忙碌的工作,我站起身来伸展一下双臂,正准备休息,手机突然响了起来。在静谧的夜晚,这声音显得格外响亮。这么晚了谁还会给我打电话?我下意识地看了看墙上的挂钟,此时已是零点十分。

"老师,我无法入睡,心像要跳出来似的,很难受,我怕……"电话那端传来充满焦虑的女生的声音。

"能告诉我你是谁吗?"我平静地问。

"您还记得我吗?高一的小琴,向您咨询过如何解决失眠的问题。"

"嗯,记得。你这几天还是害怕天黑吗?"我眼前浮现出她一周前来咨询时吞吞吐吐的样子。

"老师,我试了您说的方法,但还是无法入睡。我真害怕再这样下去,我会发疯的。"她很肯定地说。

"我理解你的心情。那天咨询时,我感觉你有顾虑,没有把失眠的真正原因说出来,对吗?"我直截了当地问。

"假如我今天说出真正的原因,您可以帮助我入睡吗?"她的疑问似乎在给我施加压力。

"我不能保证。但我想,如果找到了真正的原因,就可以对症下药地解决问题。时间不早了,我们无法深谈,明天你来办公室我们再谈,可以吗?要想解决此刻难以入眠的困惑,最有效的办法是找你妈妈,告诉她你的感觉,让她陪伴你,好吗?"我冷静地回答。

"好吧,那我明天再来找您。谢谢老师,打扰了。"她无奈地回应我。

我没有马上帮助她解开心结，想给她一点儿时间，让她再好好思考一下如何面对内心的彷徨，如何主动说出失眠的深层原因。

隔天上午，双眼红肿的小琴来到心理咨询室。她告诉我："晚上总是难以入眠，非常害怕天黑，失眠的痛苦已经折磨我好久了。"

究竟是什么原因造成了她失眠呢？经过深入交谈，我了解了小琴的成长环境及生活经历，明白了她难以入眠和害怕天黑的原因。

"我10岁那年，爸爸妈妈分开了，我跟着妈妈生活。家里少了争吵，也缺了热闹。只要天一黑，妈妈就会拉上窗帘，打开电灯，锁上房门，并告诉我哪儿都不许去。偶尔屋外有一点儿响声，她就吓得要命，把我紧紧地搂在怀里。我们母女俩最害怕的是电闪雷鸣的暴雨之夜。记得有一次，暴雨前夕刮大风，突然窗户被吹开，一个响雷在我们头顶炸开，妈妈被吓哭了，我也跟着哭了起来，我们依偎在一起，感觉非常无助。从那以后，我就特别害怕天黑，惧怕打雷。

"过了一段时间，有一位叔叔常来我们家。又过了不久，妈妈让我叫他爸爸。我知道，有了继父，妈妈就不再害怕电闪雷鸣了，我也可以不再害怕天黑了。他成了我们的依靠。但后来发生的一件事情让我感到绝望——没人能保护我。

"记得我12岁那年夏天的一个晚上，妈妈不在家，我做完作业就上床睡觉了。不知睡了多久，我突然感觉有人在摸我的身体，一只手慢慢地伸到了我的敏感部位。我'啊'的一声叫了起来，但嘴巴很快被另一只大手捂住。我睁开眼睛，看到了一张熟悉的脸，是继父。我不敢发出声音，全身哆嗦，闭上眼睛装睡。他重重地压在我的身上……我不敢告诉妈妈那天晚上发生的一切，不敢正面看他一眼，躲着他，怕他，更恨他。很多次我躲在被窝里哭泣，觉得自己非常渺小，非常可怜。从那以后，我更害怕天黑，晚上也不敢轻易睡着。我既想睁大眼睛保护自己，又想闭上眼睛忘掉那恐怖的一幕。

"读高中后，我坚决要求住校，就是想早日摆脱令我痛苦的家，远离那令人恶心的继父。每当夜深人静时，听到同屋同学发出的酣睡声，我真的很想入睡，但就是睡不着。一次次的失眠，让我白天昏昏欲睡、无精打采，学习成绩也严重下滑。一想到再这样下去，我的身体就会垮，学习就会毁，心就像被针扎似的疼。"

缺少父爱的小琴，因自小缺乏安全感而害怕天黑。在遭遇了继父的性侵犯后，更因无助和恐惧而无法入眠。怎样帮助她走出阴霾，克服难以入眠的障碍呢？我想可以从以下几方面入手。

第一，让小琴把害怕天黑和难以入眠的真正原因告诉她的妈妈，揭露继父的丑恶行径。在妈妈面前痛痛快快地大哭一场，把心中的委屈与痛苦宣泄出来，是她消除压抑的最好办法。只有妈妈帮助和保护她，让她不再受继父的性侵犯与威胁，才能创造一个有安全感的家庭环境。

据统计，有80%左右的失眠是心理原因造成的。其中，75%的失眠者在失眠状况产生前经历过一次或多次应激事件。多数人在经历某种应激事件后，会暂时性失眠。一旦问题解决、压力消除或自身主动适应变化，睡眠会随即恢复正常。

第二，让小琴了解失眠的症状，消除对睡眠障碍的恐惧。失眠通常指人们对睡眠时间不足或质量不高并影响白天的学习、工作的一种主观体验。失眠会引起人的疲劳感、不安感，使人出现全身不适、无精打采、反应迟缓、头痛、记忆力下降等症状。虽说失眠会带来许多不利影响，但也不要把失眠看得太严重。其实，比失眠更可怕的是怕失眠，因为对失眠的恐惧心理会使失眠的症状加重，使治疗更困难。所以，客观地对待失眠现象，保持平稳的情绪和平静的心态，失眠症状就会减轻甚至消失。

第三，让小琴掌握治疗失眠的方法，改善睡眠质量。治疗失眠的方法很多，现略举两个。

（1）放松疗法：身心放松。

躺在床上，从头部到肩部、上肢、身躯、下肢，逐渐进行肌肉放松。然后双手向后伸展成微屈状态，平稳地呼吸，排除头脑中的杂念，逐渐入睡。

（2）认知疗法：纠正误解。

对偶尔失眠过于担心，害怕因睡眠时间不足而导致严重后果，把入睡困难扩大为彻夜难眠，这些反复的自我暗示与负面强化会导致经常性失眠。青春期的学生一般睡眠时间要稳定在 7—8 个小时。如果有 5.5 小时的"核心睡眠"时间，白天的表现就不会很差。所以，睡得多不如睡得好，不追求睡眠的绝对时间，而要提高睡眠的质量。

聆听手记

小琴生活在一个特殊家庭，离开亲生父亲使她从小缺乏安全感，妈妈的胆小与怕黑，对她产生了很大的负面影响。继父的行为更是把她逼到了无助和恐惧的境地。难以入眠其实是她的一种自我保护行为。她想睁大眼睛保护自己，为自己的安全"站岗放哨"，但她更想闭上眼睛忘却痛苦。入眠与失眠的冲突始终占据她的意识与潜意识。

这么多年来，她不敢把真相告诉妈妈，自然无法得到妈妈的保护。她东躲西藏，想避开继父的伤害，想靠自己的能力保护自己，但很累，很无力，连睡觉都不敢放松警惕。因此，要让小琴平静入眠，增强她的安全感，消除阴影，最有效的方法是寻求妈妈的帮助。必要时，可联系当地的妇女权益保护组织和法律援助中心寻求帮助。

当然，小琴若能够了解一些关于失眠及治疗失眠的方法，也能很好地进行自我调适，提高睡眠质量。

4 都是吃肯德基惹的祸
——如何帮助学生应对心理伤害

一天中午,高三女生小悦来到我的办公室,人还没坐定就抹着眼泪对我说:"老师,您一定要帮帮我。"

"有什么事情慢慢说,老师一定会尽力帮你的。"我安慰她。

"老师,其实我早就想来找您,但总觉得不好意思,所以一直拖着。"沉默了许久,她才开口。

"看你刚才情绪还挺激动的,究竟发生了什么事情?"我关切地问。

"我后悔对他发火了。其实,我心里明白不应该这样对他,但不知为什么一下子就冲动地发火了。"她自责、内疚地说。

"能告诉我他是谁吗?是什么事情引发了你的愤怒?"我想尽快进入主题。

她低着头,双手不停地转动一张沾满眼泪的面巾纸。

"他叫小骋,是同班的男生。一年多来,我们相处得不错。虽然我心里常常想着他,遇到不开心的事儿总会找他聊聊,但我们从来没有单独出去玩儿过。平时,我们并不是走得很近的那种关系,但我还是蛮喜欢他的,也比较依赖他。也许是因为高三学习压力大,感到压抑,特别想和一个懂我的人说说心里话。也许是感觉在一起的日子越来越少,考上大学后彼此会分开,所以特别渴望能近距离地与他接触。

"情人节快到了,我很想对他表白,但又怕被误解而使彼此受到伤害。2月14日那天,我感觉自己有点儿心神不宁。下午放学时,我收到了他发的信息:'放学后我请你吃肯德基,5:12肯德基店见!'(5:12即'我要爱')我既高兴又痛苦,高兴的是他终于在这个特别的日子向我发出了邀请,而且选定了这个寓意特殊的时刻;痛苦的是我非常讨厌,甚至痛恨吃肯德基。我立刻冲动地回复:'不去肯德基!坚决不去肯德基!'我希望他回我的信息,但遗憾的是他始终没有回信。那个晚上我一直在自责与沮丧中度过。我想知道,是不是自己强硬的语气伤害了他,但我没勇气向他澄清。

"老师,我的本意不是拒绝他的邀请,但他可能觉得我在向他发火。这几天见到他我感觉特别尴尬,他似乎也在回避我。"

从小悦的叙述中,我能感受到她复杂的心情。但让我纳闷儿的是,对约会地点不满意,换个地方不就完了吗?有必要发火吗?为什么一提到肯德基,她就有这么强烈的情绪反应?

"小悦,你非常讨厌吃肯德基吗?"我直接地问。

"是的,我非常讨厌。"她不假思索地答。

"为什么?"我追问。

"老师,有一段时间我特别迷恋吃肯德基,一进店就点一大堆食品——鸡翅、可乐、汉堡、薯条等。我一手拿着鸡翅,一手拿着汉堡,嘴里还吸着可乐,感觉特神气,永远也吃不够。现在我又特纠结,一方面控制不住地想吃肯德基,另一方面又怕吃胖了。我以前身材可苗条了,但现在这么胖,都是吃肯德基惹的祸。"她激动地说。

一般来说,有人说自己特别迷恋吃肯德基也没什么不正常的,但小悦讲到自己吃肯德基时"感觉特神气",这让我感觉有点儿奇怪。我要了解她的童年经历,看看是否可以找到原因。

"你还记得第一次吃肯德基的经历吗?"我试探着问。

"不记得了。"她无奈地回答。

是真不记得,还是不愿回忆,在回避?我判断不清,感觉另有隐情。

我从她的班主任那儿了解到,小悦家并不富裕,爸爸是个普通工人,妈妈身体不好,常年病休在家。为了让小悦能更好地进行高考前的复习,父母在学校附近为她租了房子。爸爸不放心,每天下班后骑50分钟自行车来陪伴她。但她对爸爸的尽心付出不但没有一丝感激之情,反而常常与爸爸吵架。班主任劝她好几回了，效果总不好。她对老师说："不知为什么，我就是恨他。"

为了更好地帮助小悦，我想听听爸爸对女儿的评价。我给她爸爸打电话，希望他能来学校面谈。他非常配合，第二天下午带着一脸倦意出现在我面前。他是一个勤劳、辛苦的中年人。

一阵寒暄后，我开门见山地问："平时在家，小悦与你的关系好吗？"

"不好。女儿脾气很大，从小就很倔，在家里常常莫名其妙地发火，我也不知道哪里得罪了她。她上高三学习压力大，家里经济条件不好，我们照顾不多，总是觉得愧对孩子，所以，她发脾气时我总是忍着。其实，她是个懂事的孩子，很少乱花钱，其他小孩儿喜欢去吃肯德基，她从来不向我提要求。"他无奈地说。

我感觉有点儿奇怪，为什么他也提到吃肯德基？

"她与其他孩子不一样，不喜欢吃肯德基吗？"我问。

"她读幼儿园的时候，常常吵着要吃肯德基，但由于店离家远，而且家里经济条件不好，所以我一次都没有带她去过。有一天，她哭得很厉害，吵着、闹着要吃肯德基。我实在拗不过她，就一边训斥，一边把她拽上了自行车，她立刻不哭了。到了肯德基门口，我看到很多人在排队，那价格实在不便宜。终于轮到我们了，我一摸皮夹，糟糕，皮夹被小偷儿偷了。我很懊丧地对女儿说：'走，回家！我们不吃了。'她并不知道发生了什么事，非常委屈地说：'我要吃肯德基，我要吃！'她一边哭一边坐到地上耍赖不肯走。我觉得很没面子。'吃，吃你个头，吃了像只小胖猪。'我一气之下打了她，并留下她一个人在那儿哭，只管自己走开并躲了起来。她哭了很久才找我，发现找不到我时，露出了惊恐的表情。我重新出现时，她不再吵着吃肯德基了，而是抱住我的腿说：'我要回家！'从那以后，她再也没有向我提出过吃肯德基的要求。"

"你是否知道女儿从来不提吃肯德基背后的原因？她是真不喜欢吃还是努力压抑自己？她常常一个人偷偷跑去吃肯德基，而且总点一大堆食品慢慢享受，你知道原因吗？"我问。

"我不知道她的真实想法,还以为她真不喜欢吃。"他内疚地说。

我渐渐地理出了事情的头绪,小悦对肯德基又爱又恨,是因为她在幼小的时候有过心理伤害。爸爸在肯德基店门口嘲讽她,她看到其他小朋友在爸爸妈妈的带领下开心地吃肯德基,这样的场景深深地伤害了她,在她的内心留下了痛苦与愤怒的烙印。爸爸不当的教育行为给孩子的心理造成了消极的影响,深深的伤痛难以修复。

小悦非常渴望找回曾经在肯德基店门口丢失的面子,于是,她总想去吃肯德基,点一大堆食品大口大口吃着的时候,感觉特神气,赚足了面子。但这只是一时的满足,内心深处还是伤痕累累。每次大手大脚地花钱后,她又很自责,很内疚。她的身体渐渐发胖,她又将之归结为吃肯德基造成的不良后果。

小悦再次来到我的办公室,我帮她分析道:"你对肯德基有一种说不清道不明的情结,一方面是总感觉吃不够,另一方面是儿时留下的记忆隐隐作痛。男生在情人节约你去吃肯德基的事儿,诱发了你内心深处压抑的情绪。失态的表现又让你后悔不安。另外,也可以从你对父亲的态度中找到答案。"我认真地说。

"是吗?我真不明白自己为什么对父亲那么冷淡,他很辛苦地照顾我,但我却常常莫名其妙地对他发火。父母认为我很无理,没有孝心,但他们也不知道我为什么对父亲爱不起来,我也很痛苦啊!"她流着眼泪说。

"你还记得小时候爸爸带你去吃肯德基的经历吗?爸爸没有告诉你不能吃的原因,还打了你,把你晾在店门口任你哭,自己躲起来吓唬你。这件事让你受了委屈。这是爸爸做得不好,你能原谅他吗?"我问。

"老师,您要帮帮我。"听到小悦的请求,我觉得她对爸爸和小骋的态度都需要有所改变,但最重要的是要改变对吃肯德基经历的认识。

我约了父女俩,让父亲亲自告诉女儿当年没能让女儿吃上肯德基的原因,父亲也为自己简单、粗暴的行为向女儿道了歉。

小悦得知了真正的原因后,理解了父亲当初的做法,愿意忘掉不快的记忆。在我的提议下,父女俩一起去吃了一顿肯德基。用小悦的话来说,那是一次难忘的记忆，更是一次快乐的经历。

小悦给小骋留言："请你把我'不去肯德基！坚决不去肯德基！'的信息从心里删除，那是我在情绪冲动时发送的。对不起，也许伤害了你，但请原谅，现在我懂得了友情的意义。高考结束的那一天，我们肯德基见，可以吗？"

小悦终于走出了儿时的心理阴影，修复了亲子关系，妥善处理了同学关系，找回了平静与快乐。

聆听手记

儿童心理伤害泛指任何人的言行，无论是有意还是无意的，使儿童在行为、智力、情绪或身体功能等方面受到暂时或永久性的消极影响。

有研究表明，在心理上受过伤害的儿童，在其成长过程中遭受的思想和心理阻滞，比在肉体上受过伤害的儿童更大，因为心理上的伤害是对儿童自尊心的破坏。性格内向的孩子，如果心理受到伤害，可能会整天郁郁寡欢，烦躁不安，时间长了就可能得抑郁症等心理疾病；性格外向的孩子，如果心理受到伤害，可能会以攻击性的、残忍的行为报复他人与社会。

本案例从表面来看是一个高中生在异性交往中发生的自我冲突事件，但随着咨询的深入，我们不难发现，小悦情绪波动的原因不是喜不喜欢吃肯德基的问题，而是心理伤害引发的反常行为。在她的幼儿时期，父亲简单粗暴的教育方式给她造成了一定的心理伤害。随着时间的逝去，"肯德基事件"像一块丢进池水中的石头，慢慢地沉到了池底，它引起的表面上的涟漪渐渐平复，但遇到某些事件诱发时，则又在水底翻腾。她不明白自己的内心为什么会如此脆弱，禁不起触碰，为什么难以控制自己变幻无常的情绪。教师通过对班主任、家长的访谈，了解到了小悦内心深处受到的伤害。在人际关系的调适中，小悦重新认识了父亲，理解了朋友，改变了自己。

5 让父亲下跪的儿子
——如何看待激将法

一个学生家长打来电话，咨询如何处理亲子矛盾问题，我们约定第二天上午10点见面。学生家长提前30分钟就到了，她一直在接待厅等候，等到9点59分，才起身敲门。对于如此准时的来访者，我的内心除了感激，还有一份敬意。这个举动让我清楚地意识到，这位母亲不仅守时守信，而且具有良好的个人修养。

简单寒暄后，她做了自我介绍："我是高一（7）班小魏的妈妈，今天来是想问问老师，如何对待狂妄自大的孩子？"

我不解地问："您说的狂妄自大是指什么？能具体地谈谈孩子的表现吗？"

她叹了口气说："他目中无人，在家长面前很嚣张。"

"嚣张又是怎样的表现呢？"我难以理解一个高一男生在家长面前为什么要嚣张？为什么要狂妄自大？这究竟是被压抑后的呐喊，还是冲动下的疯狂？

她告诉我，儿子的内心充满了对爸爸的不满与愤怒。前段时间他与爸爸大吵了一架，爸爸动手打了他一记耳光。从那以后，他再没喊过一声"爸爸"，并扬言"你一定会为今天的行为付出代价"。

我很想知道小魏爸爸为什么要打小魏。也许在很多家长看来，爸爸打儿子算是正常的举动，但对处于青春期的孩子来说，一记耳光既有可能把他推到愤怒的巅峰，也有可能将他打入自卑的深渊。

"您能告诉我，爸爸经常打儿子吗？"我严肃地问。

"那是第一次打他。动手打人肯定是不对的，但小魏也有错，他对爸爸说了不该说的话，他爸爸听了实在受不了，一气之下就给了他一记耳光。两个人都有错，但他们都认为错在对方。"从她的回答中，我能感觉到她对丈夫的抱怨和理解，对儿子的指责和同情。焦虑的妈妈不知该如何修复破裂的父子关系。

"您能更具体地说说儿子童年时的表现吗？"我想更多地了解小魏的成长经历。

"小学时他的学习成绩很不错。但从初二开始，因为贪玩，成绩逐渐下滑。爸爸的训斥他根本听不进去，反而产生了逆反情绪，并引发了激烈的冲突。"她无奈地说。

"您可以再具体地说说，他爸爸是怎样训斥的，他又是如何反抗的吗？"我问。

"他的成绩越来越差，爸爸感到非常失望，就对他说，他现在是个'学渣'，将来就是个人渣。儿子很不高兴，铆足了劲儿，蹦出一句话：'我一定考个重点高中给你们看看。'从那以后，他开始下苦功读书复习，中考时，以高出录取线一分的成绩幸运地考上一所重点高中。

"拿到录取通知书的那天，儿子神情得意地对他爸说：'我究竟是学渣还是学霸？请你下个结论吧！你要为侮辱我的言行道歉。'他爸非常生气地说：'你以为比录取线多了一分考上重点高中就很光荣？进了高中还是最后一名，摆脱不了做差生的命运。是不是学渣很快就能见分晓。'儿子非常失望，委屈地流泪了。没隔几分钟，他突然冲到爸爸面前，提高嗓门儿说：'我跟你打赌，看我是学渣，还是你是人渣。三年后我一定考上上海交通大学或复旦大学给你看看。假如我考上了，你就要跪在我面前，承认自己是人渣！''啪'的一声，他爸打了他一记响亮的耳光。他爸气得脸煞白，嘴里发不出声。他吼着对他爸说：'你一定会为今天的行为付出代价！'接着，头也不回地跑出了家门。您说这样一对父子，我该怎么办？"她焦虑并痛苦地问。

这对父子好胜心都极强，我想让他们知道自己错在哪里，希望她能够动员父子俩一起过来聊聊。

三天后的一个下午，我接待了小魏爸爸。"老师，儿子的不孝与嚣张让我无地自容。"这个高大、魁梧的男人，此时显得非常无奈。

为了让他梳理一下自己与儿子的关系，我向他提出了几个问题："近两年来，你是否肯定过儿子的能力？是否赞美过儿子的优点？是否打击过儿子的信心？是否伤害过儿子的自尊？儿子考上重点高中时，给予的是由衷的祝福还是否定的打击？在儿子发誓要考上重点大学时，给予的是积极的支持还是消极的嘲讽？总而言之，作为父亲，在儿子困难的时候，你是支持者吗？在儿子焦虑的时候，你是保护者吗？在儿子成功的时候，你是分享者吗？"

经过较长时间的思考，他深有感触地说："原以为一切错都在儿子，现在看来我的毛病真不少。我对儿子的教育方式有问题，本想通过激将法唤起儿子的积极性，没想到换来的却是儿子对我的厌恶和愤怒。老师，下一步我该怎么做？"

"让我与小魏谈一谈，再做决定吧！"我理解他此刻急切的心情，但小魏的想法和态度非常重要。

又过了两天，小魏主动来找我。"老师，您好。"办公室门口出现了一位高个子男生，他彬彬有礼地做自我介绍。

"你好，欢迎你！"我热情地把他请进屋。

"我今天来，是想解决与爸爸的矛盾，您能帮我吗？"他诚恳地说。

眼前的男生并没有像他妈妈所说的那么"狂妄自大"，也没有像他爸爸所说的那样态度"嚣张"，我倒是觉得他很沉着、稳重。他是双重人格吗？我一边观察，一边与他交谈。

为了了解父子的关系，我提出几个问题让他思考："你觉得自己与爸爸发生矛盾冲突，焦点问题是什么？化解父子矛盾的突破点在哪里？你想做哪些努力？遇到了什么样的困难？爸爸有怎样的态度？希望妈妈提供哪些支持？"

我将这些问题一下子抛给他，是想让他全方位地审视和分析与父亲的关系。我给他递上一支笔和一张纸,告诉他半小时后我们再继续交谈。

半小时后,我看到他写满了一张纸。

"我与爸爸的矛盾是在学渣与人渣的争论中爆发,在一记耳光后升级的。这让我们同时失去了尊严。要想解决父子矛盾,就要让彼此找回自尊。我想对爸爸说:'对不起,我不该说那样的话,让你生气了。'但我也想让爸爸明白,他用激将法伤害了我,我用激将法激怒了他。我希望爸爸能理解我,原谅我,更希望得到他的信任和鼓励。我知道,妈妈看到我们父子冷战,很难受。我希望妈妈能做个沟通的桥梁,传递我愿意与爸爸和解的愿望。"小魏如此写道。

我们的谈话是在他倾诉、我倾听,我设问、他解答中进行的。小魏说得很好,不仅分析了矛盾产生的原因,也表达了与父亲和解的愿望。

在征得小魏和他爸爸同意的情况下,我让双方分别听了我跟对方的谈话录音。听完录音后,我让一家人见面。爸爸首先对儿子说:"爸爸不该打你,希望得到你的原谅。你要相信爸爸是关心你的!"

小魏含着眼泪对爸爸说:"爸爸,对不起,我不该说那样的话。我会努力的,请相信我。"

一家人的手紧紧地握在一起,他们传递出的是信任的温暖,感受到的是支持的力量。

聆听手记

一记耳光导致父子关系恶化。这不仅令当事人痛苦不已,还让整个家庭幸福全无。如何让父母学会正确表达爱,如何让孩子懂得感恩,是一件重要又艰难的事情。

随着孩子慢慢长大,父母也应相应地做出改变。对进入青春期的孩子来说,只有家长给予足够的理解、信任和关注,孩子才能将积极的愿望转化成美好的结果。小魏爸爸想利用激将法促使小魏发奋学习,考上理想的大学,但结果反而深深地伤害了小魏的自尊心。而小魏也想用激将法刺激父亲，让他对自己刮目相看，找回失去的自尊，但结果也深深地伤到了父亲。

什么是激将法？就是用刻薄、挖苦、讽刺等言语使对方生气，让对方在愤怒中迸发出强大的力量，去做他本来不想做的事情。这种方法也叫反向激励法。然而，使用激将法有三条原则必须掌握。

第一，因人而异。根据被激将人的性格特征，因人而异地使用。不然，有可能会适得其反。

第二，把握时机。在运用激将法的时候，如出言太早，时机不成熟，会严重打击被激将人的信心；如出言太迟，就会成为马后炮，起不到应有的效果。

第三，拿捏好分寸，防止过犹不及。如果不痛不痒，那就是隔靴搔痒；如果言语过于尖刻，又会让对方反感，甚至伤害到对方。

6 因妒生恨的姐姐
—— 如何引导家长公平教育

离高考还有两个月时间，高三学生都处于紧张的复习阶段。但最近小月却常常烦躁不安，难以集中精力复习。前几天，小月参加学校组织的模拟考试，在考场上突然昏厥。接到班主任的电话后，小月爸爸以最快的速度赶到学校，看到小月脸色煞白、全身无力地躺在医务室的病床上，真是又着急又心疼。老师让他把小月领回家休息。

回家休息的第二天，小月就提出不想去学校读书的要求，爸爸见她的身体还没有完全恢复，就同意了。但接下来的日子，小月总以各种理由申请不去学校。一晃两周过去了，爸爸怕小月因长时间缺课而耽误高考，心里非常着急，但又不知如何劝说小月，因此向我求助。

听完小月爸爸的介绍，我问："小月以前发生过突然昏厥的情况吗？"

"进入高三后，有过几次一遇到考试就身体不舒服的情况，但突然昏厥是第一次。"他说。

"你们带她去医院做过身体检查吗？"我问。

"去医院做过内科检查，也做了脑部CT、心脏彩超等检查项目，均未发现异常。医生建议她好好休息，不要过度疲劳，也不要给自己太大压力。但对高三学生来说，疲劳和压力是难以避免的。"他无奈地说。

既然医生已经排除了小月的身体有器质性病变，那就可以肯定突然昏厥是心理因素导致的。

"您能详细谈谈家庭情况吗？"我问。

他说："我有两个孩子，是一对龙凤胎，小月是姐姐，小星是弟弟。

养两个孩子不容易，家庭负担比较重。两个孩子小时候是分开养的，小星由奶奶带，小月由外婆带，老人对孩子都比较溺爱。读小学后，他们才回到我们身边。妈妈比较喜欢儿子，她管小星多一点儿；我比较喜欢女儿，我管小月多一点儿。"

虽说这是一对孪生姐弟，但由于从小生长的环境不同，父母的管教方式有差别，所以他们现在的学习状况、未来的发展趋势都有差距。

我建议小月爸爸带小月来接受心理咨询。

两天后的下午，小月坐到了我的面前。

"小月，你好！今天过来，是爸爸的建议还是你自己的要求？"我问。

"都有吧！爸爸想让我来，我自己也愿意来。"小月如实地说了出来。

学生主动求助是取得良好辅导效果的前提。我希望对小月的心理辅导是有效的。

"听你爸爸说，你是龙凤胎中的姐姐，能说说你与弟弟的关系吗？"我感觉小星的存在对小月产生了较大的影响，所以，就从姐弟关系入手。

"因为老天让我比他早5分钟离开母体，所以，我就成了姐姐，他就成了弟弟。从此，我们的命运就完全不同了。他因为是男孩儿，就受到了整个家族的关注，从小在城里被奶奶抚养；而我因为是女孩儿，就没有这么幸运，只能在农村的外婆家生活。读小学一年级时，我们回到了爸妈身边，但因为我是姐姐，所以妈妈总对我说，弟弟比我小，要处处让着他。吃苹果时，我总是吃个小的，把大的留给他。妈妈说女孩子要会做家务，男孩子要会读书。由于从小受到的教育不同，我们的智力水平也有比较大的差距。考高中时，他考上了重点学校，妈妈怕他上学路太远累着，就在学校附近租了房子陪读；而我只考进了普通学校，与爸爸一起住在家里。"小月委屈地抱怨着。

"你妒忌小星吗？"我问。

"嗯，他什么都比我好，有时不仅妒忌，还有一点点的恨。如果爸爸妈妈只有我一个孩子该多好，我就可以得到全部的爱。"小月说。

"你对小星除了妒忌和一点点恨，还有什么？"我再问。

"当然也有爱,毕竟我们是心连心的孪生姐弟。如果有人欺负小星,我会挺身而出保护他;如果有人欺负我,小星也会来帮助我。"她得意地说。

看来小月与小星的关系不算坏,孪生姐弟间是心有灵犀的。

"听说你已经有一段时间没去学校上课了,马上就要高考了,你是怎么打算的?"我直奔主题。

"我很担心,但不知道该怎么办。"她露出了焦虑的表情。

"担心什么?"我追问。

"我担心高考的结果,小星肯定能考上重点大学,而我连个普通大学都考不上,那以后……每当听到有人说'一个妈妈生出来的双胞胎,两人的能力、成绩怎么差得这么远'时,我就感到无奈和羞愧。

"我考试时会胡思乱想,有时心里太紧张,导致头脑一片空白,感觉天旋地转,最严重时会不省人事。我只要一犯病,就有人安慰我:'身体比成绩重要。'父母也原谅我说:'因为你身体不好,学习才受影响的。'犯病成了我与小星有差距的理由,也成了我逃避现状的借口。我内心真的愿意天天生病。"

现在我们可以合理地解释,为什么进入高三后,小月多次考试时生病,在考场上昏厥了。这是她逃避压力、保护自己的手段。

"能否让我见见小星和他们的妈妈?"我向小月的爸爸提出请求。

他同意并约定下次一定把他们都带过来。

我见到小星第一眼的感觉是,这对双胞胎姐弟在各方面一点儿都不像,小星明显比小月长得高,他的神情、言语中透露出机灵、自信和优越感。

"小星,你好!今天请你来是为了帮助姐姐。她在考场上昏厥了,之后还不愿意去学校上学,这些情况你都知道吗?"我问。

"嗯,其实看到她这个样子,我心里很难过,但不知道如何帮她。"他认真地回答。

"你想过自己与小月有什么地方不一样吗?你是男孩儿,她是女孩儿;

你是弟弟，她是姐姐；你是重点学校的学生，她是普通学校的学生；你是城里奶奶抚养大的，她是农村外婆带大的；还有……太多的不一样，你们之间差别很大。你比较自信，她比较自卑；你比较开朗，她比较内向；你比较受宠，她比较不受关注……你觉得我的分析有道理吗？"我问。

他若有所思地点点头。

"要想帮助小月，就要让她找到与你一样的自信和优越感，你想一想该怎么帮她。"我对他提出了要求。

见到小月妈妈，我的直觉是，这是一个勤勉的妈妈，为了孩子她可以全力以赴，不计回报。但在两个孩子面前，她能否做到一碗水端平？

"真羡慕你有一对龙凤胎，一女一子合成一个'好'字。两个孩子中，你更喜欢哪个呢？"我以轻松的家常式话题切入。

"两个孩子当然都喜欢。但大概是传统思想作怪，我更喜欢儿子。也因为陪读，与儿子在一起的时间更多一些。"她毫不掩饰地说出自己的想法。

好像有这样的情况，一般爸爸比较喜欢女儿，妈妈更喜欢儿子。但在一对龙凤胎姐弟面前，爸爸、妈妈不同的态度，会给孩子造成"公平与不公平""受宠与失宠""被爱与不被爱"的感觉，而这些感觉既可能是真实的，也可能是有偏差的。家长要想对每个孩子都表现出包容和豁达的态度，尊重和大爱是关键。

"妈妈照顾小星多一点儿，与小星亲近一点儿，这让小月吃醋了。长期的委屈和压抑，让小月变得敏感而脆弱。在自信又得宠的弟弟面前，她自然就变得焦虑不安、痛苦不已。内心的失落通过生病外显出来，通过生病时受到大家的关注和抚慰而得以弥补。要想小月不再犯病，快乐、自信地面对学习和生活，仅有爸爸的关心是不够的，妈妈的爱对她来说才是修复心灵、重塑自信的源泉。"我认真地对小月妈妈说。

经过与这家人的几次沟通，爸爸说："我明白了。"小星说："我知道了。"妈妈说："我懂了。"我希望小月能说："我改变了。"更期望小月能够顺利地参加高考。

聆听手记

假如家里有一对龙凤胎，那真是令人十分开心的事儿。但双胞胎的教育问题，家长可要加倍费心了。因为两个孩子的性格、智力和能力等会出现差异，这种差异会让父母、老师和社会对他们做出不同的评价，两个孩子之间也会产生冲突和地位之争。如何让他们健康成长？老师给家长以下几条建议。

第一，父母应尽可能地克制个人的情绪、感受，以公平、合理的心态面对既有很多相似之处又有很大不同的两个孩子，让他们感受到公正的父母之爱。

第二，双胞胎性格迥异的比例很高，这与遗传基因有关。性格没有好坏之分。对两个不同性格的孩子，家长既要尊重他们的不同，又要发自内心地接受这种不同。在日常教育中发挥两人性格上的优势，采取因人而异、因材施教的方法是上上策。

第三，用非竞争的方式让孩子们充分意识到他们之间的差异，尽可能让他们自己解决冲突，家长不要轻易支持一方，反对另一方，要培养他们独立生活的能力。

第四，创造一个良好的家庭氛围。父母互敬互爱，共同关注孩子成长，会对孩子的心理与生理发展起到一个平衡作用。

7 疤痕女孩儿的怨恨
—— 如何引导学生走出自卑

一天,我打开邮箱,见到一封求助邮件,署名为"心痛妈妈"。内容是:"老师,您好!我女儿玲玲现在读高一,平时特别任性,我不知道如何与她交流。她在幼年时被严重烫伤,身上留下了很多疤痕。现在这些疤痕虽然对她的身体没有影响,但对她的性格影响很大。看着她时常怨恨我的样子,我很痛心,不知道如何帮助她改变。"

我回复她,希望与她女儿和她本人一同当面聊聊。邮件发出的当晚,我就接到她的来电并约定了见面时间。

周六接近中午时分,母女俩来到心理咨询室。这天,室外气温达到了35℃,每个人都希望穿得凉快一点儿,但这对母女却用长袖、长裤把自己包裹得严严实实,这让我立刻想到契诃夫的代表作《装在套子里的人》。女孩儿的行为我能理解,她是为了不让身上的疤痕露出来,她妈妈又是因为什么呢?为了让她们能够凉快一点儿,我把空调温度调到了18℃。

为了让女孩儿感受到我对她的关注和尊重,我让她妈妈到隔壁房间等候,先与她交谈,倾听她内心的声音。

"你好,愿意和我谈谈吗?"我看着她问。

"谈什么啊?"她不知所措地说。

"你妈妈告诉你来找我的目的了吗?"我问。

"妈妈说,您是心理老师,可以帮助解决心理问题。她心里难受,让我陪她过来。"女孩儿面无表情地说。

原来她是陪同妈妈来解决心理问题的,在她看来有问题的是妈妈,需要咨询的也是妈妈。既然如此，我决定让她与妈妈交换场地，让她去隔壁房间休息等待。

"在邮件中你说女儿身上有很多疤痕，今天见她把自己包裹得严严实实的，这我能理解，但你为什么也全副武装呢？"我问。

"我要是不顺着她，她就会生气，所以，我也只能穿成这样。平时，我总是小心翼翼地护着她，因为稍不顺心她就会大发脾气。"妈妈无奈地说。

女儿用看似无理的行为和过分的要求，强烈地控制妈妈。而妈妈则无可奈何地屈从，同时又毫无原则地放纵。女儿的行为，究竟是固执、任性还是有意报复？我想通过与妈妈的对话找到答案。

"你能详细地说说女儿幼年时被烫伤的经过吗？"

"女儿4岁那年6月的一天，她一个人在屋里玩儿，我在院子里洗衣服，突然听到她撕心裂肺的哭喊声。我立刻跑进屋，发现她跌倒在地，身边是一个打碎的热水瓶，热水把她从上到下淋了个遍。我立即把她送到医院抢救，医生告诉我，她身上有50%的面积被烫伤。在医院里，望着被纱布厚厚包裹的她，我每天都以泪洗面，并一次次地对她说：'是妈妈不好，是妈妈害了你。'经过几个月的治疗，她终于可以出院了。但是，身上留下了很多疤痕。为了减轻烫伤带来的不良后果，她做过多次修复手术，但身上还是留下了大量的疤痕。每次给她洗澡，看到那些凹凸不平的疤痕时，我就心痛，就想抱着她哭。我每天都在悔恨，因为自己的不慎，让她留下了终身的创伤。"说到这里，这位妈妈已经泪流满面。

"10多年过去了，你一直没有原谅自己吗？"我问。

"没有。我想这辈子都无法原谅自己了。"妈妈痛苦地说。

"平时，除了自责、伤心、不原谅自己以外，你还为女儿做过什么？"我想打开她的思路。

"一开始，我努力找最好的医院，找最有名的医生，为她做疤痕修复手术。几年内花掉了家里所有积蓄，丈夫对此很不满，我们为了要不要继续为她做修复手术吵架很多次。现在，医生对我说，她不需要再做手术了,重要的是调整心态,接受现实。为了弥补对她的亏欠,我对她百般迁就,甚至达到了百依百顺的程度。"妈妈很无奈地说。

聊到这里,我基本明白了,是妈妈的赎罪心理和弥补过失的行为,导致女儿从小生活在自卑与自负的矛盾中,身体的创伤渐渐地变成了心灵的痛苦,她的内心充满了对妈妈强烈的怨恨。

接下来的心理咨询需要从两方面进行。一方面,帮助妈妈走出内疚、自责、自我惩罚的误区;另一方面,要让女儿看到妈妈的努力付出,感受到妈妈对她的爱,接受身上的疤痕,自信地对待自己,积极地面对未来。

我再次把女孩儿请回心理咨询室,她见到抹着眼泪出门的妈妈,内心也有所触动。

"妈妈告诉了我你幼年时被烫伤的经历。她一直因为当年对你照顾不周,给你造成了身体伤害而无法原谅自己。对于这件事你怎么看?"我触及了敏感话题。

"被烫伤的事让我永远失去了穿短袖、裙子的机会。记得上幼儿园的时候,我并没有意识到自己与别人有什么不一样,也吵着要穿裙子。有一天,当我穿着漂亮的裙子去学校时,很多小朋友见到我手臂上和腿上的疤痕后,大叫着跑开。我很难过,哭着回家,发誓永远不再穿裙子了,也不愿再露出这些难看的、吓人的疤痕。在我的记忆中,妈妈总说她对不起我,十分迁就我,只要我有一点儿不高兴,她就哄我开心。其实,有时我对她的态度是很过分的,但妈妈从来不生气,也不批评我。久而久之,我就养成了稍不顺心就乱发脾气的习惯。有几次,爸爸实在看不过去就指责我放肆,但妈妈总是讨好我,放纵我。"她说出了自己内心的想法。

"那你对妈妈是怎样一种感情呢?"我问。

"老师,您能理解我内心的痛比身体受伤的痛更厉害吗?我活在怨恨中,心中没有温暖,无法感觉到生活的美好。"她痛苦地说。

"你想摆脱痛苦,就要从放弃怨恨开始。你对妈妈除了怨恨,还有什么? 16年来,能否感觉到妈妈对你的爱?"我引导她从怨恨中走出来。

"我想妈妈都爱自己的女儿,但为什么我感觉不到她给予我的温暖、快乐、美好？她总说是她害了我，是她毁了我。她的哭泣、她的迁就、她的放纵，让我慢慢地感觉，真的就是她害了我。从让同学害怕到觉得自卑，从被百般迁就到养成任性的性格，这一切似乎都是她给我带来的负面影响。"她说出了对妈妈的不满。

我又一次把妈妈请回心理咨询室，让两人面对面地交流。

"妈妈想对你说：'对不起！是妈妈……'"我暗示妈妈不要再往下说，而是听女儿说。

"妈妈，你已经无数次说'对不起'，我不想再听了。我每天都看到你自责、痛苦的脸，更希望看到你微笑的脸。你流泪我也很难受，只有你微笑了，我才会开心。"她终于对妈妈说出了内心的希望。

"真是一个懂事的好女儿。妈妈真爱女儿的话，就要以积极的态度去看待明天，而不是一直放不下曾经的过失和伤痛。"我对妈妈说。

妈妈握住了女儿的手，母女俩已经能相互理解并接纳了。

聆听手记

女孩儿幼年时被严重烫伤，满身的疤痕让她无法穿上漂亮的裙子，这是一种遗憾。女孩儿告诉老师，她内心的伤痛比起身体受的伤痛更厉害。这就是心理阴影。

烫伤事件已经过去十多年了，妈妈还在不停地自责，她对女儿的百般迁就，换来的是消极与压抑。连医生都建议不需要再做手术了，重要的是调整心态，接受现实。

老师没有在如何让女孩儿正确面对疤痕、不做"装在套子里的人"这方面下功夫，而是让妈妈理解女儿的心理需求是渴望快乐和力量，让母女之间有情感的交流和心灵的互动。

8 他们为何离家出走
——如何帮助学生梳理友情与爱情

一天,一对中年夫妇没有预约便直接来心理咨询室请求咨询,女士一脸憔悴,男士非常疲惫。问及原因,原来他们读高二的儿子与一个女孩儿离家出走两天了,刚刚被找回。他们不知该如何处理这个棘手的问题。

我一边安慰家长,一边递上水杯示意他们坐下来慢慢谈。

"孩子刚被找回来,他的身体怎么样?情绪怎么样?"我关切地问。

"他回家后一言不发,没有半点儿歉意。"妈妈失望地说。

"我们既没有骂他,也没有打他,但他却说不想上学了。"爸爸补充道。

"他为什么要离家出走?这两天两夜是在哪里度过的?找到他的那一刻,你们对他说了什么?"我问。

"因为早恋,与女孩儿一起出走的。他们的手机一直关机,我们不知道他们去了哪里,最后通过公安部门的协助才找到。见到他的那一刻,我哭了,他爸爸气得一言不发。"妈妈一一回答我的提问。

"他是否知道他这样做爸妈会很着急?目的是什么呢?"我追问。

"我们不知道他究竟是怎么想的,肯定是被那个女孩儿给迷惑了。"妈妈既无奈又气愤地说。

在与家长的交流中,我一直试图让家长关注孩子的身体状况和心理感受,因为此时焦虑、愤怒和无奈的家长,只关注自己的情绪,忽视了孩子的心理需求和内心感受。孩子离家出走两天两夜,不给家长留半点儿信息,真会把家长逼疯。但在外度过两天两夜的孩子,感受到的未必是幸福,也许是失望。所以,家长见到孩子的那一刻,妈妈哭泣,爸爸生气,他的反应是一言不发,而不是承认错误。

高二正是学习的关键时刻。出了这样的状况,家长非常着急,担心影响孩子的学习成绩,甚至可能影响前途。此时,家长非常希望有一个锦囊妙计,让儿子与女孩儿断绝关系,立马投入学习中。但事实上,少男少女的情感问题是非常复杂的,他们往往行事冲动,且不计后果。假如家长强势地阻止他们交往,他们可能会更加逆反、抗争。

"我能见见你们的儿子吗?"我问他们。

"我们希望您能好好地开导他,我们的话他一句都听不进去。"爸爸主动说。

一个小时后,男生坐到了我面前。虽然他身高1.75米,但稚嫩的脸庞让人感觉他还是个小男生。

"你好,怎么称呼?知道爸爸把你接来见我的目的吗?"我看着他问。

"我叫小浩。他们让我来是说谈恋爱的事情。"他小心地回答。

"愿意谈谈你与她恋爱的经过吗?"我见他已承认,也就直接这么问了。

"我们是从去年2月份开始交往的,家长极力反对我们在一起,但是,我们就是不愿分开,坚持要在一起。"他轻声地说。

"你觉得她哪里好呢?"我问。

"她会提醒我早点儿睡,提醒我下雨带伞,提醒我不要受凉感冒,还会提醒我按时吃早饭。"他一一列举出女孩儿对他的关心。

"真是一位好姐姐啊!像是在照顾一位小弟弟。"我凭着自己的直觉说。

"我们有血缘关系,她是我的表姐。"他如实地说。

"噢,她是你表姐,那你们是姐弟之情吗?"我问。

"不知道,反正我们很愿意在一起。"他回答。

现在看来情况有点儿复杂。姐弟感情本该是亲情,正常交往的男女同学之间是友情,但现在他们的感觉却像是恋情,当事人也不明白自己是哪一种情感。我与他一起讨论爱情与友情的区别。爱情是专一的、排他的,而友情不一定专一,不排他。从交往的单一性和排他性来分析,他感觉自己像在谈恋爱。如果是谈恋爱,那就该了解什么是爱情,所以,我又与他讨论了爱情三角理论。心理学家罗伯特·斯滕伯格(Robert Sternberg)认为,完美的爱情必须包括激情、亲密和承诺三大要素。激情指的是一种情绪上的着迷,人的外表和内在魅力是影响激情最重要的因素。亲密指的是两人在心理上互相喜欢的感觉,包括对爱人的赞赏、照顾爱人的愿望、自我的展露和内心的沟通。承诺主要指对爱的预期和责任。爱情的三大要素组成了稳固的铁三角,缺了任何一角爱情都不能长久维持。

"你是一个高中生,希望自己从现在开始就进入一个单一交往、单项发展的狭隘空间吗?你觉得自己有对爱承诺的能力和基础吗?"我问。

"我感觉自己还没有真正做好准备,我们对爱情还承担不起责任。"他明白了一些道理。

我送给他一句话:"有时我们为了抓住一株小草,失去的可能是一片树林;有时我们放弃了一朵玫瑰,赢得的却是一座花园。"

"你能听懂其中的含义吗?"我问。

他点点头说:"意思是,不要被眼前的小事迷惑了眼睛,放眼望去可以收获更多。"

"我很想知道你们离家出走的这两天,去了哪里?在哪里住?在哪里吃饭?想过父母会很着急吗?"我直接地问。

"我们去了火车站附近的肯德基,因为那儿是24小时不打烊的,店里人来人往没人注意我们。饿了就买个汉堡吃,渴了就喝矿泉水,困了就在餐桌上趴一会儿。一开始觉得很好玩儿,聊天儿、自拍,但后来就觉得不好玩儿了,可聊的话也越来越少了,手机又不敢开机,怕家长联系我们。这时,我也觉得这样擅自离家出走不好,但自己回家又觉得没有面子。当时的心情很矛盾,一方面,两个人说好一起出来玩儿,让家长尝尝着急的滋味;另一方面,感觉孤独,还有点儿害怕,想分手回家。我既想被家长找到领回家,又不想见到父母担心、生气的样子。"他说出了自己真实的感受。

"见到着急赶来接你回家的父母,你当时的心情如何?希望父母对你说什么?"我又问。

"看到他们布满血丝的双眼,我很想说对不起,但看到他们气愤的表情,我就说不出口。我希望父母能够原谅我。"他说。

"父母担心有血缘关系的你们谈恋爱,今后会出严重的问题。所以,希望你们尽早分手,你觉得不对吗?"我问。

"家长强势地要求我们立刻分开,我觉得不好,要分也应该慢慢来嘛。"他有所退让地说。

从他的回答中,我感觉到两点:第一,他因家长的强势而产生了逆反心理,为了抵制家长的决定,所以坚持与表姐在一起。第二,两个人分开是有可能的,但要慢慢来,希望家长给予信任和时间。

他终于明白自己目前还不是谈情说爱的时候。现在需要解决的问题是如何冷静地处理恋爱的冲动,把握男生女生正常交往的尺度。我告诉他,可以通过两个人的交往频率、交往距离、交往方式和交往内容,判断出他们是友人还是恋人。要想改变目前不恰当的恋爱关系,可以降低交往频率,保持交往距离,改变交往方式,调整交往内容,从而缓解目前过频、过密、过亲、过近的交往状态,让理性战胜冲动,走出误区回归正途。

"老师,我明白了。"他点头,算是同意我的提议。

然后我把家长请回心理咨询室,告诉他们小浩可以接受与表姐分开的建议,但需要一段时间,让他慢慢去适应离开她后的情感空白期。

"你平时对儿子关心吗?"我问小浩妈妈。

"当然关心,不关心的话我怎么会这么着急?"她不假思索地回答。

"你觉得自己对儿子的那份关心,是他愿意接受并让他感受到了温暖和爱意的吗?"我继续问。

"老师,我不明白您的意思,是小浩认为我对他不够关心吗?"她有所察觉地问。

我告诉她,小浩认为表姐好,愿意与她在一起的理由是,表姐会提醒他早点儿睡,提醒他下雨带伞,提醒他不要受凉感冒,还会提醒他按时吃早饭。男孩儿与女孩儿在一起，可能是青春期生理冲动的结果，也可能是情感缺失所致。小浩渴望得到关爱。在离家出走的两天两夜里，他很想家，希望父母让他有面子地回家，并能够原谅他幼稚和冲动的行为。但妈妈的哭泣和爸爸的一言不发，让他既失望又害怕。孩子做了不合适的事儿，家长若一味地训斥，只会让他们义无反顾地走向对立面。所以，既然孩子回来了，父母就应该让家庭生活恢复常态，相信孩子会感受到父母的大度和宽容。

"老师，您说的这些我们可以努力做到，但孩子说他不想去学校读书了，该怎么办？"她无奈地说。

"不想去读书一定是有原因的，让我再找他谈谈。"我意识到还有重要的问题没有解决。

我再次把小浩找来，问他："你明天去学校上学吗？"

他轻声地对我说："我明天不想去学校，想休息一下。"

"只是休息一天，还是一直不想去学校读书？"我追问。

我发现他明显在回避我的目光。

他低声说："我不知道。"

我突然意识到，他好像怕去学校。学生擅自旷课，离家出走，学校都会做出相应的处理。同学们的议论、老师的态度，会对他产生很大的影响。

"去学校是否感到有压力？压力是来自同学还是老师？"我问。

他点着头说："都有。我难以面对同学们的议论和老师的目光。"

在鼓励小浩去学校读书的同时，我请家长与班主任沟通一下，告诉她孩子目前的顾虑和态度，让老师和同学给他营造一个被尊重和被接纳的环境，相信他可以重新回到同学们中间，正常地完成高中阶段的学习。

聆听手记

学生离家出走和早恋，通常被老师认为是相当棘手的问题。面对走到这一步的孩子，家长们常常束手无策。如何才能帮助执迷不悟的孩子回归常态？究竟该如何对待青春期冲动、叛逆的孩子？用训斥、打骂的方法往往不起作用，用处分的手段也难以奏效。动之以情，晓之以理可能是更好的选择。

本案例中的小浩是一个高二男生。他与表姐谈情说爱，甚至离家出走这件事，在家长看来，有血缘关系的表姐弟谈恋爱会造成严重的后果，因而他们极力制止。其实，最开始两个孩子在一起的动机，仅仅是她关心他，他喜欢她。但是，双方父母的强势干涉，让他们把离家出走当成为自尊、自主、自由而抗争。老师帮助他理清友情与爱情的关系，让他明白爱情三角理论的含义后，他能够理智地对待异性之间的情感，尝试学习和管理自己的情绪。

在孩子遭遇各方压力时，家长要理解孩子的感受，帮助他们勇敢面对和积极承受。父母的关爱、家庭的包容、老师的理解和学校的支持，永远是孩子成长的助力。

9 QQ 聊天儿引发的危机
—— 如何帮助学生理解家人

高二女生小晶与她的同学一起来找我,坐定后,久久不谈正题。我想,她想谈的事情一定难以开口。

"你主动来找我,一定有重要的事情,是不是有同学在场不方便?需要单独谈吗?"我问。

"没关系,她是我的好朋友小燕,我的事情她都知道。"小晶说。

"那好,我愿意听听你的故事。"我说。

"老师,我发现了老爸 QQ 上的秘密,真不敢相信那些话是他写的。"她带着痛苦的表情说。

QQ 是个私密的个人虚拟空间。在这里,有人会放肆地宣泄情绪,有人会真实地暴露内心,有人会巧妙地伪装自己,有人会恶意地伤害他人,那么,她爸爸究竟在 QQ 上留下了什么,让她如此失望,如此痛苦?

"能具体地说说你看到了什么让你这么难过吗?"我问。

"最近,我发现爸爸对 QQ 聊天儿很感兴趣,常常泡在网上。一次手机响了,他接完电话后,就匆忙外出了。我想趁他离开之际玩一会儿电脑。看到闪烁的企鹅图标,我不经意地点击,看到了爸爸与'爱似一阵风'的聊天儿记录,当时的感觉就是一个字——晕!令我难以置信的是,这些露骨肉麻的话,竟然出自我爸的口。还没等我回过神来,又一个头像在闪烁,我又点击,跳出的是爸爸与'缘分在天'的聊天儿记录,暧昧的语言让我恶心。我带着几乎发狂的心态,查看了爸爸与多个女人令人作呕的聊天儿记录。我都要崩溃了,爸爸那高大的形象顷刻在我心中倒塌了。

我不知道该如何面对曾经深爱的爸爸。"她既着急又痛苦地说。

"我能理解你此时的心情。这事儿来得太突然、太不可思议，你一点儿思想准备都没有，难以抵御，也难以承受。你感觉爸爸欺骗、伤害了你，对吗？但你是否证实过这些聊天儿内容的真实性？也就是说，爸爸是在逢场作戏还是真情流露？因为在虚拟世界里，谁都可能只是一个空洞的符号，或者一个隐藏的对象。"我说。

"我不知道他向网友的表白是不是真情实意，但与多个女性这样聊天儿的人，一定是虚伪的、无聊的、变态的人！"她显得很气愤。

"我想问一下，你觉得爸爸与妈妈的关系怎么样？"我想做进一步的了解。

"以前我认为他们的关系还不错，虽然没有看过他们恩爱的样子，但在我面前他们一般表现得相安无事。最近，我发现妈妈与爸爸不是争吵，就是冷战。我还一直为爸爸打抱不平，以为是妈妈到了更年期，啰唆得让人受不了。现在看来，估计是妈妈猜到了爸爸有不可告人的秘密，愤怒时激烈争吵，无奈时进入冷战。我不知该不该对妈妈隐瞒我的发现。"她不确定地说。

"你是否想过，把真相告诉妈妈的结果是什么，不告诉妈妈的结果又会如何？"我问。

"如果告诉妈妈，受伤害的她一定会非常痛苦，被曝光的爸爸一定会恼羞成怒，可能造成家庭解体；如果不告诉妈妈，蒙在鼓里的她非常可怜，戴着虚伪面具的爸爸还会继续掩饰罪恶，亲情还会脆弱地维系下去。我很纠结，说与不说很难选择。"她渴望我给她一个明确的建议。

好朋友小燕一直坐在一旁静静地听，我见她的心情也随着小晶的情绪起伏不定。"你的分析不无道理。小燕，你能给她怎样的建议？"我把话题转给了小燕。

"如果我老爸这样做，我也会很伤心的，希望爸爸不要这样。小晶只是偷看了她爸的 QQ 聊天儿记录，真相究竟怎样还不清楚。我建议，你先不要急于下结论，回家后再做一番调查，看看你爸到底出了什么状况。"

我觉得这个提议不错,希望小晶不妨一试。

"老师,我有新发现,想与您谈谈。您有时间吗?"这天,小晶发来消息约定第二天下午见面,这次还是小燕陪小晶一起来的。

"你有什么新发现?"我问。

"我破解了爸爸的QQ密码,看到妈妈潜伏在爸爸的QQ好友里。'爱在天边'是妈妈的网名,爸爸与'爱在天边'也有聊天儿记录。"她略显神秘地说。

"你看到了爸爸与很多人的聊天儿记录?"我问。

"嗯,那些乌七八糟的聊天儿记录没有了,'缘分在天'和'爱似一阵风'也被拉进了黑名单。留下的聊天儿记录,主要是谈工作、个人爱好和社会现象等。从QQ聊天儿记录上看,'爱在天边'是一个通情达理、机智幽默的人,跟爸爸谈得蛮投机的。"她说。

"有了这些新发现,你对爸爸的看法有改变吗?"我问。

"我在想,是什么原因让他有了这样的变化。我上次见过的QQ聊天儿记录都被删除了,是'爱在天边'与他交谈后,让他有所感悟,回心转意了?还是他为了躲避现实,用虚伪掩饰灵魂的丑恶?"她困惑地说。

"你怎么看这个问题?"我把话题转给小燕。

"上次回家后,我与我爸有一段交谈。'老爸,青少年喜欢QQ聊天儿,成年人也喜欢QQ聊天儿吗?'我问。'也喜欢啊!但成年人与你们青少年有所不同的是,他们清楚同陌生人网上聊天儿不能当真,只是玩玩的。'老爸说。'那就是说,成年人在网上与陌生人聊天儿时是胡说八道,说的是假话?'我问。'有时是不顾身份地乱发一通,有时是虚情假意地逢场作戏,总之,你在网上不要与陌生人聊天儿,也千万不要被假象迷惑哦!'老爸带着教育我的口吻说。'那如果一个男人在网上与几个女人聊天儿,说暧昧、肉麻、无聊的话,你说他会是真心的吗?'我问。'你太幼稚了,这是男人在无聊时不负责任的调侃,一般都是假的。'老爸明确地说。小晶,也许你爸就是我老爸说的那种情况,只是心情郁闷时的无聊发泄。你不妨也和爸爸交谈一次,听听他是怎么解释的,也许就能解开你的疑团。"小燕建议。

真是当局者迷，旁观者清，小燕比较清楚地看到了解决问题的一种方法。

"小燕给你提了很好的建议，我认为你回家不妨一试。"

一周后，两人再次来找我。小晶表现得很淡定、自信。我相信，这次应该可以帮助她走出困境。

"今天又有什么新发现可以与我们分享？"我打开话题。

"这周，我与爸爸交谈了一次，我没有隐瞒看过他QQ聊天儿记录的事实。开始，爸爸有点儿吃惊，但很快他毫不隐瞒地告诉我，他知道我看了他的QQ聊天儿记录，也知道'爱在天边'就是我妈妈。所以，在与'爱在天边'聊天儿时是认真、坦率的，现在也了解了妈妈内心的真实想法。虽然爸爸没有捅破彼此的关系，但QQ聊天儿为他们创造了交流的机会。爸爸说，前一段时间由于心情郁闷，有时在网上与陌生人瞎侃，现在想来这样做很不好，说不定会为了图一时痛快而丧失家庭幸福，于是就把那些陌生人都拉进黑名单了。

"我也与妈妈做了一次交流，告诉她我和爸爸都知道'爱在天边'是谁。开始，妈妈也有点儿吃惊，但接着就承认了。她说：'开始怀疑你爸精神出轨，又担忧又愤怒的心情让自己无法冷静，所以，就出现了不是争吵就是冷战的局面。为了查清情况，我以卧底的方式成为你爸的QQ好友，在与他聊天儿的过程中，了解了他真实的想法，也发现了自己的一些不足。我渴望有一个安定、温暖的家，所以，我不能把这个家给毁了。'"小晶说出了自己一周来努力的结果。

"你感觉妈妈有什么变化吗？"我问。

"妈妈有了较大的改变。现在她不像以前那样爱唠叨了，对爸爸也比较尊重。总的来说，家里安静多了，更加和谐、温暖了。"她的脸上露出了微笑。

聆听手记

QQ、微信作为即时通信工具，深受大众青睐。亲朋好友通过它们联系，不仅能省下大笔电话费，还可以收发电子文件，用许多幽默、形象的表情（包括自定义表情）个性化地表达自己的感情等。除此之外，网上聊天儿不受地域、身份、性别、年龄等的限制，认识的人、不认识的人、熟悉的人、不熟悉的人都可以在虚拟空间交流。这种毫无约束的形式，使人们的交际圈无限打开，满足了不少人既想拓展交际圈，又想隐藏真实自我的心理。同时，男性可以以女性身份出现，女性可以以男性口吻发话，老人可以扮萌，小孩儿可以装老，又满足了部分人发泄心情的需要。

本案例中的小晶在看到爸爸的 QQ 聊天儿记录后，带着羞愧、愤怒、痛苦的情绪前来求助。爸爸高大的形象在女儿心中轰然倒塌，家庭关系在妻子的怀疑中脆弱地维系着，这原本是个危险事件。老师通过让小晶走近爸爸，查清聊天儿背后的真实原因；理解妈妈，澄清聊天儿引发的误解，使这一事件出现转机，最终家庭成员彼此理解，彼此接纳，重归于好。

10 "不奢望谁能理解我"
——如何帮助学生应对童年创伤

十月的天气秋高气爽。难得清闲，我走进沙盘室整理沙具陈列柜，动物架角落里一匹寂寞的狼将我的思绪带回到多年前的一天。

那天学校正好开运动会，午休时，小迪走进了沙盘室。自从她加入心理社团后，我就注意到她了。因为她那忧郁的眼神，也因为她给我的那种若即若离的感觉。

"老师，我可以玩玩沙盘吗？"她勉强地笑着问我。

"当然可以！怎么会对沙盘感兴趣？"我边问边起身迎接她。

"没什么，就是想玩玩。在心理课上您说过通过摆沙盘能诉说心中的故事。"

听我简单介绍了沙盘的使用方法后，小迪就开始了创作。她先摆放了两幢房子，在房子外面摆上了篱笆墙和一只小狗。篱笆墙外有一个无人玩耍的秋千，房子的女主人站在大门口往秋千的方向看。女主人的另一边是花丛，一只蝴蝶落在上面。不远处有一个风车，风车前方有两只鹿和四只羊，它们后面有一匹狼，狼的后面有一个小孩儿。蓝色的海洋里摆放着各种海洋动物。一只小公鸡被放在沙盘的边缘，陷在泥土里。

小迪给自己的作品取名为"孤独"。她说，两幢房子都属于女主人。女主人喜欢一个人生活，觉得这样蛮好，也不会感到孤独。远处的小公鸡每天打鸣。海洋里的动物都是女主人平时喜欢吃的海产品。风车所在的区域是草原，有一匹狼正在追赶小孩儿的鹿和羊。小孩儿很着急，不知道该怎么办。他不知道家在哪里，并且和女主人好像没什么关系……

听着小迪的介绍，我的确看到了一幅孤独的画面：孤独的小公鸡，两脚深深地陷入泥土里；海洋里的每种动物都只有一个；孤独的秋千，无人玩耍；拥有两幢房子的孤独的女主人；孤独无助的蝴蝶无力地落在花丛中；孤独无助的小孩儿，看到狼追赶自己的动物时无能为力，也不知何处是自己的家……慢慢地，我的视线聚焦到了沙盘中心的小孩儿身上。为什么明明有两幢房子，小孩儿却没有家？……

"小迪，这样的画面让你想到了什么？"我相信她今天来的目的是想诉说心中的故事。

"在我很小的时候，有天晚上，我一边看电视一边整理自己的东西，结果电视节目结束时，我的东西还没有整理好。爸爸走了过来，二话没说就打了我一巴掌。我哭着向爷爷、奶奶和妈妈求助，但他们没有帮助我。我感觉自己就像沙盘里的小孩儿，孤独无助，而爸爸就像这匹狼。从那以后，我和爸爸的关系就不好了，更不要说沟通了。"小迪把爸爸比作狼，那么背对着小孩儿的鹿和羊，是否就代表爷爷、奶奶和妈妈呢？

"我向往一个人的生活，觉得一个人生活挺好的，将来也希望自己一个人生活，不会和家人、朋友住在一起，至于恋爱、结婚，更没有想过。"她慢慢地诉说。

"沙盘中的画面你喜欢吗？"

"不喜欢。嗯……我可以调整一下吗？"她抬头问我。

"当然可以。"

她将狼摆回沙具陈列柜里，然后取来了奶牛和羊。新画面是这样的：小孩儿开心地站在牛羊的前方望着它们；蝴蝶飞到了花丛中，主人的一幢房子被换成了小狗的别墅，小狗紧靠着主人，小公鸡也到了女主人的院子里。"这样可以更清楚地听到小公鸡叫了。"她高兴地说。秋千被移到了院子里，而篱笆墙则围成了一个菜园，里面种着一些蘑菇和草莓。海洋中的动物也有了伙伴，还添加了五颜六色的鹅卵石。

"其实，我很希望身边有朋友。我想我会在今后的学校生活中更加积极主动。"她说。

我没有想到她会如此快地冒出这句话。"只要主动积极，相信你一定会有更多的朋友。那么，你和爸爸的关系呢？总不能一直不沟通吧？"

"我没有想过要改变和他的关系，而且也不是我说改就能改的，以后再说吧！"她漠然地说。

这次沙盘体验匆匆结束了。之后，小迪依然眼神忧郁。每次上心理课前，她都会提早几分钟到，翻看书柜上的书，和其他同学一起摆弄沙盘室的沙具，或者坐在办公室的沙发上，听其他同学和我聊天儿。

期末的一节心理课，主题是"两代人的对话"，课后任务是让父母和孩子互写一封信。很多学生与我分享了互动的内容，而小迪却写下了这些内容：

我不奢望谁能理解我。我的思想一直都很怪异，前一秒我还觉得生活很美好，后一秒就想自杀。

我知道我的物质生活还算可以。虽然房子一次比一次大，但没有一个房子我喜欢过。对我来说，那只不过是居住的地方。

我已经不知道现在我的心理扭曲到了什么程度，只记得四五岁时就想离家出走了，也不知道是什么原因让我熬到了现在，但我感觉快要支撑不下去了。这么多年来，伤口其实从来都没有真正愈合过，我只是把它们放在一边，渐渐忘了。再次被打击的时候，我就会想起，原来这里有伤。伤口越来越多，我也就越来越痛。好在时光流逝，让我或多或少遗忘了一些小伤。

本来的我真的很幸福，是谁在我长大的过程中一天天把我往绝路上逼？！是谁在我很正常的时候硬是认为我不正常？！口口声声说爱我的家人。他们把我逼得真的不正常了。

我想逃，可逃了又能怎样？如果我去面对呢？精神病院里可能从此就多了一个疯子。

我本不会特别讨厌某样东西，可现在一提"学习"就很反感。并不是因为怕苦或者怕累，我知道学习是充实自我的方法，不过现在真的特别讨厌它。因为在家听到最多的就是这两个字，好像如果我不学习，世界末日就到了。所以尽管我在学校里还算用功，但一回到家就完全不想动了。

是不是一定要把我弄得成天愁眉苦脸，才觉得我已经接受教训了呢？抱歉，我接受的不是教训，而是恨。恨别人是一种自虐行为，好在我并不是自虐狂，只想平静地离开，从此老死不相往来。

说我忘恩负义也好，说我没心没肺也好，我不在乎别人怎么看我，一切理由都是苍白无力的，只会徒增罪恶感。

这不是我在正常的时候写的文章，而是我想起痛苦回忆时写的。

人不能活在回忆里，我已经尽力忘记这些痛苦的回忆了。

看着小迪的文章，我感到揪心。儿童时期被父亲抽耳光的事件使她心生恐惧，亲人们的冷眼旁观带来的孤独无助感是如此深刻，以至于十几岁的她至今还记忆犹新，甚至一直影响她和父亲的关系。我不知道之后她到底又遭遇了怎样的事情，为什么"房子一次比一次大"，却没有一个是她喜欢的？是什么事情让她觉得家人把她逼上了绝路？为什么家人认为她不正常？为什么说如果面对的话，精神病院里会多一个疯子？为什么……我相信她心中还埋藏着许多悲伤的故事。本想立刻找她聊聊，但正逢考试，只能先推迟两天。于是，我立刻提笔给小迪回了一封信。

小迪：

你好！看到你的文章我真的很担忧。我不知道你是否完成了亲子互动任务，这篇文章你想让家人看，还是仅仅给我看的？我想我们有必要聊聊，因为我很想了解你，帮助你。

不知我是否和你说过，从你报名心理社团开始，我对你就有所察觉。不知我是否读懂了你的眼神，你让我觉得你在试着走近我，想得到我的帮助，但同时也可能有什么原因让你欲言又止。好几次我想找你好好聊聊，却苦于没有合适的时机。你们的学习是如此紧张，有时好不容易你抽时间来到办公室，又有其他同学在，我也不方便当着他人的面和你说些什么。

或许，如果你愿意的话，写信也是一种方式吧！

看来儿时的经历真的给你造成了很大的困扰和伤害，我不明白你所说的"不正常"和"精神病院"是什么意思。在你这个年龄段出现特殊的言行其实都属正常，不应轻易地将之和精神疾病画等号，它最多也就是心理危机，只要你积极面对，树立生活信心，这个危机很快就会过去的。

每个人在成长过程中都会经历不同的磨难。"天将降大任于斯人也，必先苦其心志，劳其筋骨，饿其体肤……"每当生活中碰到一些不如意的事儿时，我总会以此鼓励自己。每个人在成长过程中或多或少都会受到他人的伤害，如果你不学会原谅，那就可能会进一步伤害自己。正如一句话所说的，生气就是拿别人的错误惩罚自己！不去回忆只是逃避，选择宽容，最大的受益者是自己。带着愤怒生活，最痛苦的还是自己！不管别人伤你多深，你应该始终善待自己。因为如果连你自己都不爱自己了，别人就更难爱你了！同样，如果连你自己都不愿意帮自己，救自己，世界上也就无人可以帮你，救你！

把一些不开心的事儿说出来，即使一时想不到办法，至少心里也会好受些。不知道我是否可以帮你，是否值得你信赖，但我愿意成为一名倾听者，随时等待你到来。

迅速封好信封，我赶在放学前将这封信连同给其他同学的信交给了课代表，并嘱咐她一定要当日发给大家。

然而，几天后，我第一次体验到了教师生涯中的无能为力，小迪退学了，我再也无法联系到她了。

聆听手记

小迪的故事引发我们去关注学生的童年创伤。

童年创伤指的是当事人在童年时受到的人为而非意外的不恰当对待。例如，各种形式的身体虐待、言语或非言语造成的心灵虐待、不顾及当事人的成长需要造成的心灵损伤、目睹虐待或暴力事件、长期或极端地被忽略和遗弃、情绪不被接纳、情绪长期受控于他人，等等。创伤性事件的来临不能预测，无法避免，当事人在毫无心理准备的情况下面对此事，会感到不知所措、无能为力。

　　童年创伤是一个扭曲人性的过程，不论当事人当时有没有察觉，它都在当事人心中留下了阴影并造成一连串的后遗症，如自我价值感低、对人或周遭环境难以信任、身体和心灵的分裂及麻木、人际关系上出现问题等，甚至会影响其一生。

　　多年过去了，我不知道小迪在哪里，过得怎么样。我希望有人能理解她，希望现在的她是快乐的，拥有朋友和家人；也希望看到这个案例的家长，能够对孩子多一点儿宽容，多一点儿关爱，多一点儿理解；希望看到这个案例的孩子，能够多一点儿坚强，多一点儿勇敢，多一点儿自信。

11 "你到学校会给我丢脸"
——如何帮助学生应对家庭变故

"老师，这是我们班小龙的妈妈，她想和您交流一下。"班主任文老师介绍说。

一年前我接待过小龙的母亲，知道她经历过车祸，家庭经济比较困难，小龙需要学校更多的关心。虽然当时交流不多，印象不深，但眼前这位头发花白、着装朴素、满脸忧愁的中年妇女与当时的她简直判若两人。

她开始讲述家里发生的事情。她出车祸时，小龙正好读初三，为了不影响他学习，家人想方设法隐瞒。由于脊椎受伤，她出院后无法工作，而小龙的父亲又失业了，本来就困难的家庭更是雪上加霜。无法承受压力的小龙父亲患上了抑郁症，吞服了300多颗安眠药企图自杀，经过及时抢救，脱离了生命危险，住院三个多月，但抑郁症并没有痊愈。为了缓解小龙父亲的病情，单位让他回去上班，而她则在肯德基工作，每月工资扣除保险之类，到手的就不多了。都说"穷人的孩子早当家"，但小龙却时不时跟家长要钱，说是欠同学钱。高一交学费时，学校考虑到小龙家的特殊情况，退了一些钱，可小龙只给了母亲100多元。开学时小龙又说欠同学200多元，小龙母亲认为小龙不仅不体谅家长，还存在品行问题。因为就在不久前的一场喜宴上，小龙拿了一包烟藏在书包里准备卖给朋友，被小龙母亲发现后制止了。从那天起，小龙就不再与母亲说话了。而就在母亲来学校前，小龙说了一句："你到学校会给我丢脸。"小龙母亲听了非常伤心。

听完她的陈述，我不禁担忧：这么多的挫折，一个17岁的孩子该如何承受？小龙肯定早已猜到母亲会把家里的事情和盘托出，否则他不会说这句话。既然如此，我相信今天应该是最好的时机，要让他知道母亲并不会给他丢脸，相反，会给他的成长带来帮助。

我很少突然找学生，但今天，我找了小龙。

"小龙，你知道老师今天找你来是为了什么事情吗？"

"不知道。"

"今天你妈妈来学校了。你能跟我说说这一年来她的变化吗？"

"现在没有以前那么多话，不是很啰唆了。"他想了许久才冒出来这么一句，而在家庭教育中尽量避免啰唆是去年我和小龙母亲沟通的内容。

"还有吗？"我追问。

他摇摇头。

"今天你妈妈过来，我和文老师都吓了一跳。你知道为什么吗？"

他抬头惊讶地看着我，疑惑地继续摇头。

"我们都见过你妈妈。我们不敢相信，时隔一年，你妈妈居然已是满头白发了！"我心疼地说。

他的眼眶有点儿湿润了。

"你能说说家里发生了这些事情后，你的想法或者感受吗？"我耐心地问。

"我很难过，为什么其他同学家里没有这种事情，他们都很幸福……"他开始抽泣。

"你很委屈，觉得这个世界不公平，你家接二连三地发生事情，而其他同学家里都很平安、幸福，是吗？"

他一边抹着眼泪一边点头。

"你是怎样处理这些想法的？"

"我没有办法。"他无助地说。

"你一时不知道该怎么办也很正常。但你知道吗？相对而言，你又是很幸运的。在我们学校，家里发生变故的学生有好几个，其中有个学生的家里甚至背负着上千万元的债务，债主经常上门讨债，一家人四处躲藏，父亲想自杀，母亲闹着要离婚。而你妈妈却勇敢地承担起了家庭的重担，带着伤痛工作。所以，你妈妈真的很伟大！"

他眼含泪花看着我，没有说一个字。

"那几位同学因为家庭变故，情绪都受到了影响，成绩也下滑了。但他们先后主动找到了学校、我和其他部门寻求帮助，在大家的共同努力下，他们首先调整了自己的心态，家长的心理也得到了安慰。就比如那个被逼债的学生，在她的努力下，她爸爸勇敢地寻求司法部门的帮助，妈妈也放弃了离婚的念头，一家人团结在一起。最终骗走他们家钱的人被公安机关抓到了，她自己也考上了理想的大学。"我想让小龙知道，并非身边的每个人都如同表面看上去那么幸福，家家有本难念的经。遇到困难并不可怕，埋怨、逃避和退缩是懦弱的表现。

"你也许需要向他们学习。现在你妈妈的身体在逐渐康复，你爸爸的病情也得到了有效控制，并且恢复了工作。家里没有任何外债，相反还有相对稳定的收入和社会救助。你爸爸的病除了药物治疗外，心情的平复是最为关键的。让得了抑郁症的人体会到他人的关怀与帮助，感受到家庭的温暖，比任何药物治疗效果都好。但现在，我听你妈妈说，你爸爸经常因为你和妈妈的关系而烦恼。你已经是大孩子了，或者说你在心里，其实已经把自己当成大人了，那就应该勇敢地和妈妈一起承担责任，化解和妈妈之间的矛盾，一起给爸爸创造一个温暖的家，一起治愈爸爸的病。"

我说这些话时，小龙一直在哭，和平时校园里那个嘻嘻哈哈的他判若两人。这一刻，我深深感受到了用微笑隐藏痛苦是多么艰难的事儿。

"妈妈现在还在办公室。你看，是不是过去和她聊聊？"我说。

"嗯。"小龙边哭边点头。

我带着小龙来到办公室，然后主动离开了，给母子俩几分钟时间单独相处。不久，我在门外感觉到母亲的情绪比较激动，于是敲门进去。母亲显然是因为孩子的道歉而感到欣慰，同时也有些委屈和自责，我赶紧安慰了母子俩。

"以前小龙也好，家长也好，都有做得不妥的地方，以前的事情我们都不谈了。今天校方知道了家里的困难，小龙也道歉了，那么从今天开始，我们要更好地面对生活。妈妈要把小龙当成大人一样看待，让他参与家中的一些事情，一起承担责任，给小龙一个成长的机会。而小龙也要学习长大，放学回家后要帮妈妈做点儿家务，休息的时候上网下载一些有趣的影片，和爸爸一起看。相信爸爸看到你和妈妈的关系有所改善，感受到了家庭的温暖，身心一定会慢慢康复的。"

小龙和母亲紧握着手，点点头。随后，小龙回到教室继续上课，而我和小龙母亲又做了进一步沟通。我告诉她，这些事情多少会影响孩子的情绪、学习和生活，即使是大人也很难调整心态，父亲的病就是很好的证明，更何况是从小没有吃过苦、没有经历过风浪的孩子。因此，孩子采取逃避甚至埋怨的方式也是情有可原的。这次是一个很好的机会，可以让孩子学会正视问题，学会承担责任，所以今后家里的事情要让孩子知道，并且参与做决策，要让他学会解决问题，而不是去逃避。同时，孩子不想让同学知道家中的情况，在学校里和其他同学一样买较贵的饮料等行为，家长也应适当谅解，这是孩子的自卑心理导致的不当行为。相信通过一段时间的调整，会有所改善。

小龙的学习成绩并不理想，为了减轻家里的负担，他选择考大专。祝愿他能够拥有美好的大学生活，也祝愿他能够战胜挫折，越战越勇。

聆听手记

家庭变故、学业压力、青春期情感困惑以及人际交往矛盾，已然成为现代青少年产生心理问题的主要原因。许多家庭遭遇变故的家长，往往会尽可能对孩子隐瞒，以为这样做就可以减少对孩子的伤害，也有的家长因忙于应对变故而忽略了孩子的感受。殊不知，这些做法反而会导致家庭矛盾的爆发、青少年心理问题的产生，甚至阻碍青少年成长。

母亲遭遇车祸、父亲失业与自杀未遂、家庭经济危机，17岁的小龙承受了这个年龄难以承受的生命之重。内向、敏感的他不愿将家里的情况如实告知学校，更不愿与人提及，甚至通过大手大脚花钱的方式加以掩饰。而这些，正是贫困家庭青少年身上经常出现的现象。

若想更好地帮助他们，需要青少年支持系统发挥作用。青少年支持系统是正确引导青少年身心发展和适应社会的重要环境因素，是由青少年和其周围与之有接触的人（支持者），以及他们之间的交往活动构成的。青少年的亲属（如父母、祖辈或者其他亲戚）、青少年家庭所在的社区居委会、青少年父母的单位、青少年就读的学校，都是支持系统中不可或缺的部分。父母及亲朋好友是与青少年关系最密切的群体之一，他们的关心与帮助是任何人无法代替的；社区居委会、父母的单位则可以整合资源给予青少年家庭经济、法律等方面的帮助；学校同学、教师则能给予青少年精神上的鼓励和学业上的指导。

父亲回到了工作岗位，母亲也有了相对稳定的收入，学校不仅给予小龙经济上的帮助，更通过家校沟通携手成为小龙精神上的支柱。每个人出一份力，就能更好地帮助困难家庭的青少年走出困境，积极乐观地面对困难与挫折，在困难中成长，在挫折中成熟。

12 无法与人正常交流的男生
—— 如何帮助学生纾解情绪

每年暑期,我都会给街道贫困家庭子女或家长组织一些心理志愿活动,社工小周就是这个活动的负责人。

"小骏考上大学了吗?"小周关切地问我。

"嗯,听年级主任说还是一本呢!"我回答。

"这三年你们几位老师真的付出了很多……"小周感慨良多。

小骏是个思维奇特且跳跃、语言表达能力差、几乎无法与人正常交流的孩子,终于考上大学了。

我第一次接触小骏是在一堂班会课上。我记不清他当时是如何说的,但听课教师们面面相觑、为执教教师捏了把汗的情形却历历在目。自此,小骏成了我想去观察和了解的对象。

在心理辅导活动课上,我与小骏有了更多的接触。在上完"两代人的对话"心理课后,我给学生布置了任务——给家长写一封信,说出自己平时不敢说的心里话。很多同学将家长的回信拿来给我看,分享书信沟通的成效与喜悦。

小骏上交了一张乱涂乱画的纸。课后,我把小骏留了下来,想要了解作业完成的情况。

"家里很乱……我想完成也不行,说了也没有用……"用了五分钟,小骏才断断续续地说出了这几句话,声音小得几乎无法听清楚。

他有语言障碍吗?但有语言障碍的孩子如何能顺利考上高中?他是紧张吗?或许,我应该先找班主任了解一下更多的情况。

原来，班主任也正为小骏的事情烦恼。这个入学才一个多月的孩子，思维跳跃得让人无法理解，班里几乎没有同学能够和他很好地交流，语文老师根本看不懂他的作文，但他却颇受理科老师喜欢。班主任曾经和小骏的父亲交流过，了解到家中还有一个正在读幼儿园的妹妹，母亲离职，父亲在高校工作，但不愿透露具体岗位。家长拒绝教师家访，也不愿来学校进行更多沟通。小骏的父亲表示自己小时候也思维跳跃，文科很差，理科优秀，人际交往能力较弱，但依然考上了大学，而且成家立业，所以小骏没什么问题，老师的担忧是没有必要的。

如此不支持、不配合学校教育教学工作的家长不在少数，有的是因为家长家庭教育观念的问题，有的是因为家里有一些不希望被外人了解的事情。在这种情况下，老师能够做的就是尽力去关心学生，关注他的成长。

于是，在接下来的一年里，班主任调动了班干部的力量，营造一种宽容的班级氛围，包容小骏经常说出的一些奇言怪语；文科老师也尽量降低对小骏的学习要求，并细心、耐心地指导他。高二分班时，尽管小骏的文科成绩仍不理想，但他凭借理科的优势进入了理科班。

在一次社区心理志愿活动中，我认识了社工小周，她主动问我学校里是否有小骏这么一位学生。原来，小周在助残服务时与小骏家建立了牵手关系，通过一段时间的接触，隐约感觉这个家庭各成员之间的关系不好，可能会影响孩子的身心健康。小周还反映，小骏父亲尽管在大学工作，但并不在教育教学岗位。父亲后天致残，母亲曾是护士，两人创业成功后母亲就辞职照顾家人。小骏幼时被寄养在奶奶家，和父母几乎没有交流。家里还有一个妹妹，但根据所了解的家庭情况来看，他们应该不具备生二胎的资格。这个家庭拒绝与外界沟通。

志愿活动结束后，我一直在思考是不是应该主动介入小骏的问题中。正巧，年级主任反映，小骏最近晚上睡眠质量不好，学习也不在状态，并且想找心理老师沟通。

小骏的语言表达依然存在问题，但他对沙盘比较感兴趣，因此沙盘成了我们沟通的媒介。而"沙漠中通往水潭的人们"的沙盘主题带我走进了小骏的家庭。

在沙盘中，小骏将母亲比作鳄鱼、海盗、变色龙，将父亲比作一个孤独的老人，将自己比作流浪汉。小骏提到家里正在打一场官司，表兄、表姐都住在家中，导致自己半夜无法安睡，妹妹时不时影响自己学习，母亲过山车般的情绪和严厉的态度让他在家不敢出声，父母经常发生口角导致父亲下班后宁愿留在办公室上网打游戏也不愿回家……最让小骏担忧的是父母的感情问题。

在之后的几次交流中，小骏说从小到大，一直很害怕三种场景。第一种是没有光线或者光线昏暗的地方，他害怕在这种场景下突然出现某种东西或发生某件事情。这种害怕是从小时候开始的，由于母亲工作忙，他被寄养在奶奶家。奶奶开了一家杂货店，他一旦不听话就被关进杂货店的仓库里。仓库里没有灯，黑漆漆的，他能做的就是躺在仓库的床上，瞪着眼睛等待奶奶开门。第二种是空旷的地方，他感觉很危险，如果发生了什么事情都可能无处躲避。第三种是有很多人、很吵闹的环境，感觉那些走动的人就像行尸走肉。

我深感小骏家庭情况的复杂，也隐约感觉到小骏现在的语言表达问题、人际交往问题似乎不单单源自父亲的遗传。在征求小骏的意见后，我决定和小骏的家长做一次交流。但正如班主任反映的那样，他的父亲始终不愿意和学校教师有正面接触。最终，他的母亲带着妹妹走进了办公室。

沟通中，她回忆起小骏上小学时发生的一件事。小骏的语言表达能力在一年级之前没什么问题。上了二年级之后，有一次在上学的路上，小骏急着要上厕所，由于快要迟到了，家长让其忍住。进了教室后小骏不敢举手请假去厕所，竟然尿在裤子里了。当时同学们都嘲笑他，而且嘲笑了很长一段时间。此后，小骏与家人的交流就少了。每当小骏表达不畅时，家长就会忍不住责备，导致小骏的情况越来越糟糕。家长曾经带小骏看过心理医生，医生认为小骏的语言表达能力有些问题，思维比较怪异，但家长没有接受医生的建议进行治疗，也没有在之后的家庭教育中引起重视。谈到家庭氛围时，她承认自己脾气比较急躁，在亲子交流时容易发火，也导致夫妻间经常闹矛盾，但还不至于离婚，没想到孩子如此敏感。

在一个多小时的交流中，她一直神情紧张，提及夫妻关系时身体发抖，脸部也有些抽搐，甚至言语表达不清。也许是无法接受孩子将家中的事情告诉了老师，也许是担心老师因此责备自己……但不管是哪种可能，我隐约感觉到要通过家长的改变来帮助小骏的可能性并不大，因为要改变这个家庭成员之间的关系并非凭我一己之力就可以实现。

我建议家长尽量控制情绪，鼓励小骏多表达，多交流。当孩子表达有困难时，给予他一定的时间或机会，并及时鼓励，而不是一味责备。最后，我善意地提醒了小骏妈妈一句："对一个孩子而言，家是最安全的港湾，只有轻松、安全的家庭环境才更有利于孩子健康成长。"

聆听手记

语言障碍、人际交往问题、睡眠障碍、学业压力……小骏的问题表面上看错综复杂，其实最根本的问题源自情绪。

尿裤子被嘲笑，父母不当的教育方式导致小骏越来越不知道如何表达，也不敢表达；嘈杂的家庭环境、父母的情感问题让小骏对家充满了担忧与恐惧；小时候被寄养在奶奶家的禁闭经历，让小骏习惯将自己的情绪"禁闭"在心里……十几年的情绪积累，让小骏的语言及人际交往的问题逐渐升级，而高考的压力也影响了小骏的睡眠和学习。

幸运的是，小骏的班主任给他营造了一个非常友善的人际交往氛围，鼓励班里的同学多和小骏沟通。年级主任兼语文老师能找到他作文中的优点并勉励小骏继续努力。小骏则凭借自己的理科优势保存了一份自尊。社工小周经常借助牵手关系走进小骏的家庭，让他体会到社会的关心。沙盘体验活动则真正打开了小骏的心扉，这种个人在有意识或无意识情形下对内在心理活动、内心世界进行外在投射的活动，让小骏充分表达出对母亲教育方式的不满、对父亲的关爱，以及对家庭危机事件的担忧……沙盘体验活动一点点抚平了小骏受伤的心灵，让他得到力量重塑自己，去面对生活中的困难。

13 走出父母离异的阴影
—— 如何陪伴学生应对父母离异

作为心理教师，我没有一眼就能看穿他人内心的能力，但或许是因为职业特点，我会特别关注别人的表情，璐璐的表情就受到我的特别关注。

璐璐是一个连微笑时眼神也会流露出冷漠的女生。在偶尔的课堂发言、课后反馈中，这个女生体现出了同龄孩子身上少有的老练。尽管璐璐身边有同伴，脸上也总是挂着笑容，但那眼神依然冷漠，这让我充满了疑惑。有一天，璐璐上交了"两代人的对话"心理课作业，这封亲子沟通的信让我对她有了一些了解。

精美的信封，淡紫色的信纸，是她写给父亲的一封信：

爸爸：

以前，我与你意见产生分歧时，我选择与你争辩，可是现在我不会再那样做了，更多的是选择离开。越是不能心平气和地与你沟通，越是像这样不欢而散，我越觉得你难以沟通，我们都站在各自的立场上去看待问题。

随着年龄增长，我变得越来越不可爱了。曾经的我在外人眼里是个说话很甜、活泼开朗的女孩儿，可现在我越来越说不出动听的话，变得越来越刻薄。不可否认，我确实被你们失败的婚姻、可悲的利益纠葛弄得现实了、冷漠了。在我心中，婚姻已经跌到最没有位置的角落。我愤世嫉俗，厌恶亲情，友情在我心里的地位都比亲情高，这是很可悲的。我知道这样不对，可是我无论怎样努力，都无法说服自己。

当然，你们不用为离婚而自责，我不需要名存实亡的家，而且离婚也是个了结，没有感情的婚姻从一开始就是错误的，更何况你们并没有自己想象中那么心胸开阔。一直以来，你总认为是我妈的问题。当然她有问题，可是你呢？你以为自己一直在退让，但实际上你人虽然退让了，心却很固执。这不是真正的退让，将不平深埋在心中不是真的包容。陈家三个兄弟全部离婚了，你想过为什么吗？因为你们都是一样的固执，所以无论娶什么样的妻子，最终婚姻都会破裂。

…………

我不喜欢现在的自己，也很难去爱别人，这让我越来越孤单。妈妈一直在外地上班，可这不是我孤单的原因。相反，我喜欢这样自由、简单的生活。真正孤单的是我的心，没有一个朋友能走进我的心里，周围的人都这么说。

孤单的人，问题都出在自己身上。

我们都有错！

女儿璐璐

这封信让我知道了璐璐过去十多年的辛酸，明白了她内心的孤独以及笑容背后那冷漠眼神的含义。这是一封没有交到父亲手中的信，但对璐璐而言，能够写出如此一番话，已属不易。

我也购买了许多精美别致的信纸，从中抽出一张淡粉色的信纸给璐璐回信。因为粉色给人温暖的感觉，代表着甜美的笑容和纯真的情感。

璐璐：

你知道吗？尽管你平时都是微笑对人，看到老师也很有礼貌，但你的眼神却总给人一种冷漠的感觉。今天，我终于明白了。谢谢你对我的信任，告诉了我这一切。

每个人在成长过程中都有一些磨难，但我一直相信，经历的磨难越多，一个人的成长就会越快！知道我为什么选择你做辩手吗？（在学校组织的心理辩论赛上，我选璐璐担任了辩手）虽然那时我还不了解你的家庭背景，但你给我一种同龄人少有的老练的感觉！怎么说呢？总感觉你的思想要比同龄人成熟很多，或许是因为你经历了很多变故，如同当年的我。

当年我们举家迁到上海，家境突变、与好友分离、不适应新环境、学业竞争压力巨大……于是，我将自己的心灵封闭起来。在外人面前，我是一个懂事、学习用功、有礼貌、孝敬父母的孩子；在朋友面前，我温柔善良，积极乐观，似乎任何困难都不怕……但这都是因为从小特殊的生活经历让我不得已成为一个善于伪装的人。直到有一天，有一个人打开了我的心扉，那就是我的爱人，他让我改变了一些观点。我不该讨厌这个社会，也不该恨那些伤害过我和我家人的人，不该拒绝那些友善的援助之手，也不该让自己孤独那么多年。幸运的是，那些曾经向我伸出手的人，我的老师、我的朋友、我的爱人，他们是那么善良，原谅了我的伪装，依然与我交心。

说这些并不想改变你什么，每个人眼里都有一个自己认识的世界。孤独也好，愤恨也罢，如果有一天，你觉得某个人可以信任的话，别忘了勇敢地迈出一步，给自己一个摆脱孤独的机会！相信你会找到值得信赖的朋友！

愿意陪伴你的老师

尽管没有感受过璐璐的那种痛苦，却也能深刻体会到那种孤独的感觉。当年就有一些人默默地陪伴我，给了我不一般的关心与爱护，所以我也愿意成为璐璐的一个陪伴者，如果她愿意的话。我把回信装进信封，随着给其他同学的课后反馈一起发给课代表。

忐忑不安地过了几天后，门卫交给我一封没有盖邮戳的信，是璐璐写给我的，节选如下：

我的家庭对我的影响很大，我的交友观和亲情观受到了很大的影响。比起一些父母吃喝嫖赌的家庭，我的家庭其实已经好太多了，但我还是感到凄凉。我的家庭是以利益关系开始的，穿插着各种经济纠纷，从中我看尽了人性丑恶的一面。家庭给我的温暖，远远没有这些金钱纠葛的冰冷给我的影响多。在友情、爱情和亲情之间，亲情永远被排在最末位。

我14岁以后母亲时常说我很冷漠，对她一点儿都不亲热。我感觉冷漠已经变成我的习惯。一个心理测试上说，通常喜欢抢先挂电话的人，大都属于那种感情上害怕受到伤害的人。我挂电话也特别快，特别是挂我父亲的。因为他，我的择友观发生了很大变化。我选择跟一个人交朋友，首先看的是这个人有没有上进心和目标。可惜的是，目前我周围的同学里很少有符合条件的，所以，我的朋友非常少。我的QQ联系人、手机电话簿里的联系人也很少。有些人一旦分开，我就会删除他们的联系方式。

我还发现，我可能对一个好朋友感情依赖比较严重，所以我一直在克制自己。我十分在意别人对我的看法，时常自我反思，不知道我是不是正常了……我有一个极大的毛病，就是在苛责自己的同时，对别人斤斤计较，显然不拘小节的人也不能成为我的朋友。我真的是一个很严格的人。因此，没有走近我的人，往往认为我是一个很难相处、很凶的人。虽然一些与我亲近的朋友不这么认为，但是我知道，我确实是比较难相处的，只是我的难以相处不会表现出来。我只会慢慢地与人疏远，和别人维持普通朋友的关系。矛盾的是，我性格的另一大特点是与人为善，我不太喜欢做一些太过出格的事情。

…………

我很感谢璐璐对我的信任，在她的信上做了回复：

其实你真的是一个不错的孩子，尽管家庭对你有影响，但至少你还能理性地控制自己。既然意识到了家庭对你现在的影响，你就更要避免家庭对你未来产生影响。既然你无力改变，那就不要让他们来改变你。你也许还做不到轻易对他人说真心话，但请努力敞开自己的心扉，接受他人的关心。你笑起来的样子一定很漂亮，我希望有一天能够看到你露出发自内心的笑容。

愿意陪伴你的老师

书信成为我和璐璐沟通的唯一途径,我也坚持用这种方式默默地陪伴她,一直到她毕业。

聆听手记

不和谐的家庭环境严重影响孩子身心的健康发展,长期生活在这样的家庭中,孩子会变得过于敏感、不自信、冷漠、胆小、缺乏安全感,渴望拥有爱又害怕受到伤害。他们会在不友好、不安全的环境中把自己包裹起来,这是一种自我保护的心理。而这种自我保护会一直延伸到他们成年,甚至会对他们的性格造成影响。

婚姻失败并不可怕,可怕的是孩子因此体验到了恐惧、无奈与绝望,可怕的是孩子从家长的纷争中学会了不负责、冷漠和仇恨。在这样的家庭环境中成长的孩子要面对生活中的无奈、冷酷及折磨,不相信世界上有任何美好的感情,所有这些负面影响,都将深入其骨髓,伴随其一生。老师很难改变这样的家庭,但能做到的是陪伴与倾听。

14 "不想成为别人的包袱"
——如何帮助学生应对心理危机

学生的心理健康教育日益受到重视，很多地方设立了 24 小时心理援助热线。我的手机专号就是全校学生的求助专线，它陪伴我守在心理干预的第一线。

这天我接到一个来电。一个女生说："老师，我割手腕了。我不知道找谁说，所以就给您打电话了。"

"谢谢你对我的信任。能先告诉老师，手腕受伤的具体情况吗？"

"不是很严重，很浅的口子，没有出血，贴了创可贴就可以遮住的那种大小。"

"做消毒处理了吗？"

"家里没有什么可以消毒的东西，用酒精、棉花擦了擦。"

"现在你是在家里吗？"

"在自己的房间里。"

"你是在哪里划的手腕？"

"放学后，在学校外面的桥下。本想死了算了，后来觉得不能死，就迷迷糊糊地回家了。"

"家长在家里吗？"

"妈妈在。她知道我割手腕了，刚下楼。"

"你现在没人陪，可以吗？"

"可以的。现在没事了，我说想给您打电话，但妈妈在的话我可能什么都说不出口，她就下去烧晚饭了。"

"好的。那老师陪你聊聊。你能说说,是用什么工具割的吗?"

"美工刀。上周日买来今天用的。"

"发生了什么事,让你想到这么做?"

"我不想拖累爸妈,成为他们的包袱。其实,我没想好要不要死,或许就是想让自己清醒一下吧。很早以前我就想找您了,但是妈妈不同意,说自己家的事情别人帮不了。"

"可能有一些事情,老师确实帮不了,但或许说出来,你会感觉多了一份应对困难的力量。"

"老师,我妈说,如果不是因为我,她早就跟我爸离婚了。我从小就看着他们吵架,一直吵到我长大。"

"他们感情不好,是一直以来压在你心里的事儿,对吗?"

"嗯。割腕的时候,其实很挣扎,想了好多。一方面不太想割腕,因为如果真的死了,就有很多事都体会不到了;可又很想割腕,总觉得自己是一个包袱,只会拖累别人。"

"你的意思是,你觉得是自己拖累了爸爸妈妈?"

"嗯。我不想成为别人的包袱。不过,当时我还想到了班级、老师和朋友。我真的好喜欢现在的同学和老师,还有很多事情要跟他们一起做,说好要去吃老街的老鸭粉丝煲,一起过18岁生日,考同一所大学。所以割腕的一刹那,我又觉得,如果我出事的话,会给他们造成困扰,他们会很伤心,我也不能拖累了他们。"

"看来,你身边有一群很好的伙伴,他们给你带来很温暖的感觉,让你对未来大家在一起的生活充满了期待。"

"是的,所以我没有再割下去。我舍不得他们,也不能让他们为我难过。"

…………

这个女生叫琪琪,在后续的沟通中,我了解到她家里更多的情况。

琪琪的母亲操持家中的一切,父亲基本不顾家,喜欢抽烟、打麻将,甚至把琪琪的压岁钱都拿出去玩。父母经常吵架,轻则彼此辱骂,重则大打出手。每次父母吵架的时候，琪琪经常听到妈妈说"要不是为了女儿，早就和你离婚了"之类的话。这让琪琪不知所措，感觉自己就是一个包袱。从高一开始，父母分房睡了，琪琪有时想，等高考结束，可能自己还没拿到录取通知书，父母的离婚证就已经办好了。

琪琪的母亲从小读书成绩很好，但迫于家庭条件无法继续学习，因此把所有期望都寄托在琪琪身上，对琪琪的学习时间管理很严格。中考失利的琪琪对母亲深感内疚，而母亲对她的期待则依然是考上重点大学。母亲平时常和单位同事聊孩子的学习情况（同事的孩子在重点高中），回家就会反馈打听到的重点中学的学习情况和资料。琪琪能感受到母亲的期待，所以学习特别努力，但成绩却不理想。最近阶段考，琪琪数学考得比较好，开心地一回家就告诉母亲，然而母亲一听其他几门学科的成绩不理想，就露出了不开心的表情。

周六上午，琪琪做了三个小时作业，想出去休息一下。看到母亲和邻居聊得很开心，就高兴地跑过去问聊天的话题。没想到母亲的脸色马上变了，她当着邻居的面数落琪琪。那一刻琪琪无地自容，觉得无论自己多么努力，母亲永远都不会开心，与其如此，还不如早点儿走了让大家都解脱。

周六下午，琪琪把所有作业都做完了，不希望因为作业没完成而给任课教师带来烦恼。周日，琪琪用零花钱买了许多小礼物，给每一位同学和老师写了感恩的卡片。她准备在周一放学后，等同学都离开教室时，把这些礼物和卡片一一放进他们的桌肚里，还编辑了一条定时发送的信息。周一整天，琪琪同往常一样，和伙伴们一起上课、聊天，想以此给自己的学业生涯画上一个圆满的句号。

在征得琪琪同意后，我让琪琪的母亲接了电话，表达了自己的担心和想法后，和琪琪的父母约定第二天会面，琪琪表示想同时参加。

第二天，琪琪一家如约而至。很显然，琪琪这次的行为让她父母很震惊，也很懊悔平时因吵架而忽略了琪琪的感受。在母亲看来，"要不是为了女儿，早就和你离婚了"这句话已经成了十几年来的一句口头禅，只是发发牢骚而已。而父亲之所以一有空就往外跑，则是因为在家里无论做什么事，妻子都会找出他做得不够好的地方，所以干脆躲得远一些。吵架时两人扔的东西都是既摔不坏也伤不了人的抱枕、玩偶之类的。

"那你们为什么要分房睡？分居两年，不想离婚也可以离婚了，是不是？"琪琪质问父母。

"那是因为你妈这两年睡眠不好，你也知道她一直在吃中药啊！我经常上夜班，回来洗漱走动时就会吵着她，她就半宿不能睡觉。医生建议，如果条件允许可以分开睡，爸爸干脆就睡楼下了。"琪琪的爸爸回答。

琪琪听完破涕而笑："你们为什么不早说啊？害得我还上网去查法律条文，那我这段时间这么多的眼泪，不是白流了吗？我这一刀，不是白割了嘛！"

经过一个多小时的交谈，我对琪琪的父母做了营造和谐家庭氛围的指导，尤其是建议他们不能把自己的愿望寄托在孩子身上，需要给孩子一定的时间和空间，让爸爸多参与家庭生活事务的处理，夫妻之间杜绝打架，改为心平气和地沟通等。交谈结束后，琪琪挽着爸爸妈妈的胳膊，开心地离开了学校。

周五午间，琪琪主动来到心理咨询室，滔滔不绝地说了这周家中发生的变化。"老师，家里和睦了许多，妈妈不再像以前一样责怪爸爸了，也让我自己管理时间了。虽然我可能会管不住自己导致成绩下降，但我还是想试试看。现在想想，那天的行为真的好危险，多亏了老师帮忙！"她笑着说，双眼含着泪花，右手抚摸左手腕上的创可贴。

在给了我一个大大的拥抱后，琪琪小跑着赶回教室。望着她欢快的背影，我为她的主动求助而欣慰，也默默地祝福她。

聆听手记

处于青春期的孩子需要迎接来自多方面的挑战，包括同伴交往、亲子沟通、学业发展、生涯规划、青春期情感、价值冲突和家庭矛盾等。这些事件容易导致他们陷入困惑，引发负面情绪。同时，他们的自我意识高度发展。他们在渴望独立、追求自主的同时，情感开始变得内隐，喜怒哀乐不轻易外露，一些情绪问题也不容易被家长、教师及时发现。一些消极的想法、负面的情绪若不能及时得到有效的调整和处理，就可能影响学生的心理健康发展，进而造成恶性循环，使其陷入心理危机。

  我们每个人在生活中都可能遭遇一些不如意，有些事情还可能引发较为严重的情绪问题，甚至是心理创伤，导致个体陷入心理危机状态。如果能够采取正确的方法顺利度过危机，个人的心理健康水平就会得到进一步提高；但如果对心理危机事件不进行任何干预，任其发展，或者不能采取及时的正确的干预手段，则会留下心理创伤，影响今后的生活，甚至对他人和社会造成危害。家长和老师需要学习一些心理危机干预的知识，提升危机识别和干预的能力。家长更需要为孩子营造温馨的家庭成长环境，为孩子的身心健康成长保驾护航，让家成为孩子成长过程中最安全的港湾。

15 家有全职"保姆"的烦恼
——如何帮助学生应对全职妈妈

当今社会，女性为了家庭和子女教育而放弃职场的现象并不少见。全职妈妈的压力并不亚于职场妈妈，然而这种为了孩子全力以赴的牺牲，也可能会导致亲子矛盾。

学生小超就因为受不了他妈妈无微不至的关怀而前来咨询。他说："我实在是受不了我妈了。我已经不是三岁的小孩子了，房间我自己会整理，衣服我自己会扔进洗衣机。我对菜没什么要求，就着辣椒酱也能下饭，没必要天天创新。还有啊，她想出去玩就出去玩，没必要因为我天天守在家里。我现在就觉得自己是一个罪人，害得我妈没工作，没朋友，没娱乐……"

原来，小超的爸爸做生意很忙，一周最多回家一两次。自从小超出生后，妈妈就辞去了工作，一心一意照顾父子俩。每天早上五点起床，一周七天的早餐绝不重复，荤素搭配，营养均衡。六点半送小超去学校后，根据菜谱购买晚餐所需的新鲜食材。然后打扫家里卫生，尤其是小超的卧室，一定要一尘不染（小超是过敏性体质），接着看各类养生节目，研究花式菜谱。下午四点半，带着新出炉的点心和切好的鲜果接小超放学，准备晚餐，打扫厨房和客厅的卫生，洗衣服，照顾小超睡下。待到能松口气躺下休息时，基本上已是晚上11点了。

小的时候，小超觉得自己很幸福，班级里的小伙伴都非常羡慕他。小超还经常让妈妈多准备一些点心，放学时分享给小伙伴。但上了初中，小超慢慢地觉得妈妈的这些付出成了他的负担，甚至还有同学笑他是"妈宝男"。

"放学回家的时候其实已经很饿了，但我妈非得每天都要来一点儿新花样，还要摆盘，每天都要七点左右才能吃上饭。问题是，那些新花样还不如她随便做的。然后，她就不停地问哪里做得不好，我要是说不知道，她就不高兴；我要是说出哪儿哪儿不好，她更不高兴。"

"那你是如何与她沟通的呢？"

"我就和她说，我又不缺营养，没必要每天做这些乱七八糟又难吃的东西。"

"她如何回应你呢？"

"她说我没良心，说她为了做这些菜都做了什么，有时候还哭。但我这人真的不挑食。她平时随便做的牛肉、青菜其实很好吃，而且基本上家里就我们两个人，一个荤菜、一个蔬菜就够了，何必要做三四个菜！有几次，我就一口菜都没夹，拿出酱拌饭吃给她看。没想到第二天她居然把酱扔了！依旧乐此不疲地创新菜谱！"

"你是否了解过她为何每天都要变着法儿地做各种各样的菜呢？"

"可能是想让我增强体质吧！我从小身体很差，是吃中药长大的，这两年才好一些。我喜欢吃牛肉和青菜，天天吃都不厌的那种，但她说那样会营养不良。对了，她说每天要做三四个菜，就是想让我每样都吃一点儿，营养丰富。然后，第二天中午，她就吃那些剩菜剩饭。你都不知道，我看她这样子委屈自己，心里有多难受。"

"看来你对吃的还真不挑剔，心里很肯定妈妈的家常菜，而且，你很心疼妈妈。不过，之前你对妈妈的回应，似乎没有让她感受到这一点。"

"好像是吧！我还说过更伤她的话。我说'没这些菜我也能活得好好的'。其实说出来我就后悔了。"

"妈妈听了这样的话，可能会挺伤心的。"

"是的。后来想想，如果是我花了很多时间做的菜被人这么说，估计会当场掀桌子吧！"

"你爸爸长期不在家，妈妈要肩负起照顾你的所有责任，应该是挺辛苦的！"

"是的。我爸虽然很少回家，但每次回来都会叮嘱妈妈照顾好我，因为我是家里三代单传。我要是生病了，他还会责怪妈妈，说她连个孩子都照顾不好。平时我不太清楚，但周末的时候，我妈会推掉所有朋友的邀请，感觉她的生活很单调，我就是她生活的全部。其实，我真的希望她能够有自己的生活，甚至她可以去上班。我都已经这么大了，真的不需要她这样。但是，她十几年没工作了，估计也很难找到很好的工作吧。不知道有没有那种不是很辛苦的，能打发时间的工作。至少，工作可以让她不再感到孤单，也不会把所有注意力都放在我身上，那真的是压力山大！"

"嗯，要重新回到职场确实可能会遇到一些困难，但可以鼓励她试试。刚才你说，妈妈做的家常菜很好吃，你很心疼妈妈，希望她有自己的生活等，有没有和妈妈说过？"

"没有。就是不知道为什么每次一说就吵架，然后说出来的就不是本意了。"

"如果再给你一次机会，你会和妈妈怎么说呢？比如，今天晚上回家，看到妈妈的创新菜……"

"老师，我觉得如果让我当面对她说，我可能说不出口，而且，说不定说着说着就又吵起来了。我想给她写一封信，您帮我看一看，没什么问题我就放在写字台上，反正她每天都要给我收拾房间的。您看可以吗？"

"嗯，不错的办法！可是，你如何应对今天妈妈做的创新菜呢？"

"再忍一忍吧，本来也不是不能忍的事情。"

第二天，小超拿来了写给妈妈的一封信，其中有一段话最令我感动。

妈妈，其实你真的很伟大，为了这个家，为了我，放弃了自己。这样的放弃，小时候的我觉得理所当然，但现在，我却很心疼你，也感到压力很大。我已经长大了，爸爸不在家的时候，我应该是你的依靠。你把最美丽、最年轻的时光奉献给了这个家，希望从今以后，你能学会爱自己。我已经长大了，我会自己洗衣服，会做蛋炒饭，会下面条，能自己骑车上学。所以，我希望你能做自己喜欢的事情，能多像你的姐妹那样，做美容、做瑜伽、逛街、插花……当然，如果你真的喜欢做各种各样的菜，一周做一两次就可以了，我还是更喜欢你做的家常菜。

没想到这个外表大大咧咧的男孩儿，心思如此细腻，感情如此真挚。看完之后，我无须给任何建议。

第二周周一的中午，小超笑着走进心理咨询室。一看小超我就知道有好消息。

小超妈妈看完信的当天晚上，餐桌上是小超最爱吃的红烧牛肉和炒青菜；第二天是酸辣土豆丝和西红柿炒蛋；第三天是排骨炒年糕和汤。虽然母子之间没有多说什么，但彼此心照不宣。早上临出门时，妈妈说要去一家卖羊绒衫的店打零工，和一些婆婆织小孩子的毛衣。这确实是妈妈的好手艺，要知道，小超从小到大穿的毛衣毛裤都是妈妈亲手织的。这份工作的时间和场地都很灵活，既可以拿回家，也可以在店里一边聊天一边织，得空还能帮老板娘卖衣服赚点儿提成。

小超说："妈妈早上看起来特别开心和幸福！"这些天母子俩相处非常愉快，而他也感觉心里舒坦了很多。

聆听手记

在女性也顶半边天的当今社会，职场女性面临职场与家庭难以平衡的现状。随着生活水平的提高以及育儿观念的转变，一些女性在有了孩子后选择做全职妈妈。

全职妈妈照顾孩子，可以避免隔代教养带来的溺爱、教育方式不统一等问题，能够让孩子有心理安全感，有助于培养孩子的良好习惯以及性格。对全职妈妈来说，母爱可以让她们牺牲自己的一切，照顾好孩子的日常起居、学习就是她们的工作和追求。但有时，对孩子的过度关爱容易让全职妈妈成为全职"保姆"，这不仅会影响对孩子独立能力的培养，在孩子青春期阶段，还可能引发亲子矛盾。

因此，全职妈妈在照顾好孩子的同时，也要关爱自己，积极参加人际互动，有自己的朋友圈；有自己的休闲娱乐，如舞蹈、读书会；在条件允许的情况下，还可以做一些兼职，既可以转移注意力，又可以消磨时间。当然，在遇到困难的时候，也要学会寻求帮助。全职妈妈只意味着在某个阶段，把更多的时间用于照顾孩子和家庭，并不意味着全部奉献而失去自我。

16 "守住属于我的一切"
——如何引导学生减轻原生家庭的伤害

云云的父母经营家族企业,住别墅,一家人周末经常聚会,她俨然是众人羡慕的掌上明珠。

高二开学不久,云云自觉"痛苦不已"。她说,家里发生了丑事,让她备受煎熬。平时除了发火、动不动烦躁外,还经常胸口发闷。虽然做了很多努力,但积压在心里的事情始终无法释怀,又非常渴望走出困境,于是她拨通了求助电话。

在稳定云云的情绪后,我约云云母女来校面谈。

原来,中考结束后,云云得知父亲有外遇。为了保护尚不知情的母亲,守卫家庭,云云藏着这个秘密,并承受由此带来的压力。很快,云云的母亲得知真相,夫妻协议离婚,云云由母亲抚养,别墅留给云云。考虑到母亲工作比较忙,云云从小由奶奶带大,所以爷爷、奶奶一起住到别墅里照顾云云。

就在云云适应了父母离异后的生活,准备以全新的状态迎接高二时,家里来了一位不速之客,导致云云陷入崩溃。

"我已经慢慢接受我父亲的事情了,但他们太不顾及我的感受了!"

"发生了什么事情?"

"从国外回来那天,我很疲惫,想着到家后可以好好休息,却看到我父亲、奶奶还有一个阿姨,抱着一个小孩儿在我家里。我在奶奶手机里看过那个小孩儿的照片。离婚时,母亲对父亲三令五申,不允许这个小孩儿出现在这个家里。他们怎么可以不打招呼就这么做!我在国外受了那么多苦，父亲却怪我太娇生惯养。我虽然很生气，但想想他的话也没错。但怎么会有这样的父亲呢？他从来没有体会过我的感受。"

"看来，父亲对你的关爱不像你期待的那样。"

"我母亲说，他对人比较冷血。如果我父亲的感情是一桶水的话，能够给我一杯水就蛮好了，所以母亲也比较失望。看到那个小孩儿，我当时很崩溃，一边跑出家门一边哭。母亲把我劝回家，他们没说什么就走了，还把奶奶带走了，说那个小孩儿没人照顾。两天后，因为我要开学，奶奶才回来。他们根本就不知道我心里有多痛苦，真的是痛苦到无法呼吸。从那以后，我的心情就不好了，一直到现在。老师您还记得吗？9月份我一个人坐在校园里，您看到后还过来问我是怎么回事？"

"是啊。我看你一个人，比较担心。"

"其实，我不是不想和别人在一起。我觉得我们班级的同学都非常可爱，非常善良，学习成绩好，又开朗、阳光，但我感觉在课堂上和他们一起学习就好了，不想和他们有过多交流。我担心自己会影响他们。他们叫我一起吃午饭，我就假装在人多的地方和他们走散。"

"你担心影响他们什么？"

"我担心我和他们关系好了之后，就会把我的阴暗面展露出来，这样不太好。也怕万一和同学发生矛盾，我会承受不了。其实就是内心非常自卑，想把自己封闭起来，保护好这些美好。"

"你想用这样的方式保护友谊，维护同学们对你的好印象？"

"嗯。我还想去看心理医生。我和奶奶说了，但奶奶不同意。"

"这一点我会和你妈妈沟通一下。"

"太谢谢老师了。最近心情很糟糕。我对自己说，我已经在这种环境下成长了，如果不努力，怎么对得起大家？我和奶奶说，要是考不上大学就自杀。我气不过，因为我父亲说，以后家族企业一定是让我接班的，但是他让我记住，是他施舍给我的，并不是因为我有能力。这句话对我产生了很大的刺激。我就觉得……我不是靠他施舍。"

"我不是靠他施舍。"（我和云云同时说出这句话）

"我一定要靠自己努力，守住属于我的一切，让他不得不佩服我，让他意识到他所有的继承者里，没有任何一个人能比得上我，心服口服地把公司交给我。因为我的自尊心也比较强，所以……"

"所以，你对学习的要求也比较高，压力也就更大了。"

"是的。但是明明那么努力了，却还是这样的结果。"

…………

在当天的沟通中，云云的母亲主动提出要带云云去医院做评估，并且安抚云云。如果医生认为需要用药物治疗，家长一定支持，还鼓励云云坚持接受校内的心理辅导。同时，母亲也澄清，父亲说那些"施舍"之类的话，是担心云云因为家境优越失去了上进心，想用激将法来鼓励云云认真读书，却忽略了表达不当给云云造成的压力和伤害。

母亲的一番解释，帮助云云卸下了一部分的心理负担。父亲虽然当天未参加沟通，但后来也尽量经常主动关心云云。云云在母亲的支持下，坚持做心理辅导和药物治疗，很快恢复到了比较好的状态。

因为工作变动，时隔两年我再次与云云取得联系时，云云非常期待自己的故事能够帮助更多的人，并写下了这段话：

在得到老师的帮助后，我的精神状态大大改善，也更加容易静下心来思考利弊。如果不是父母，我能否奋发向上？儿时的我天真地以为父母就是一切，我不需要付出努力就可以得到更多。但在经历了许多事情后，我才发现，只能依赖自己，只有自己有能力在社会上立足了，才能更好地保护自己，更好地去生活。因此，我在调整好情绪后迅速投入学习中，最后虽然并未考取非常优秀的学校，但也达成了自己的目标，可以向着更好的自己进发。生于忧患，死于安乐，磨难是成就一个人最好的途径。如今再遇到困难，我都会尝试自己解决，并比同龄人有了更好的危机处理能力。因此，我是感谢这一切的，没有这一切便没有如今的我；也感谢当年没有放弃自己的家人和老师，没有放弃自己的我。人生并不是一帆风顺的，经历了磨难，也许有更好的机遇等着自己，但这必然需要自己的主观努力。

不放弃，坚持下去，才能在暴雨后见到最灿烂的彩虹。

聆听手记

　　在日常的咨询工作中，因家庭问题而咨询的个案不在少数。家是孩子最安全的港湾，但也可能成为孩子心理创伤的来源。父母情感不和、离婚再婚、家庭内部的纠纷等，容易导致孩子夹在中间不知所措，产生恐惧不安的心理。一些原本积极乐观、活泼开朗的孩子，会因此变得敏感、怯懦、自卑，觉得孤独，不愿意与人交往。这些变化如果得不到关注和及时干预，就会严重影响到他们的健康成长、学业发展，甚至是未来的恋爱和婚姻。

　　有时，我们会安慰孩子说："父母的感情问题是大人的事情，你太小，还无能为力，做好自己能做的事情就可以了……"这类话往往苍白无力，有时不仅毫无效果，甚至还适得其反。当事人可能会想："毕竟你不是我，没有经历过我经历的事情，不能理解我内心的痛苦……"由此关闭沟通的心门，把自己关进只有自己能够读懂的小世界。

　　所以，如果家长和老师确实不知道说什么来安慰这些孩子，那么，就在他们想要找一个人倾诉的时候，做好倾听者；在他们需要帮助时，尽自己所能去伸一把手；在他们需要一个人安静的时候，给予一点儿独处的时间和空间。

　　当然，我也想对经历过原生家庭伤害的人说，没有完美的原生家庭，没有完美的成长经历。走出伤害最好的办法，就是承认父母的不足，承认伤害的存在，也相信你是值得被爱、被肯定的人，更多地关注自己，照顾好自己，更好地爱自己，发展自己，这样你才可能从原生家庭的伤害中慢慢走出来，获得成长。

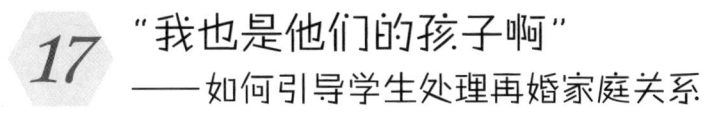

17 "我也是他们的孩子啊"
—— 如何引导学生处理再婚家庭关系

冬雨夹杂着似雪非雪的冰粒下个不停,打在脸上像刀割似的疼。我刚刚到家,还没换下冰冷的雨衣,就收到学生用 QQ 发来的信息。

"老师,我想离家出走,不想在这里待下去了。他们太过分了!"

"你是哪位同学?发生了什么事情?现在在哪里?"(我翻阅了聊天记录,学生是在高一的时候加的 QQ,之后一直没有互动。)

"我是高二的小吉。他们什么都不给我,还骂我!昨天就受不了了,难道离开他们,我就无路可走了?我现在就收拾东西走人!"

"他们是谁?因为什么事情骂你?"

"后爸天天想让我滚!还说什么活该!晚上空调噪音太响,叫他们关一下,又要我滚出去!"

"小吉,昨天和今天,你和后爸发生了什么不开心的事情?"(在想办法拖延时间的同时,我赶紧打电话通知小吉的班主任,告知目前的情况,并叮嘱其赶紧联系小吉的家长。)

"他连后爸都不配叫,是叔叔。我妈还怪我不叫他爸爸,那么恶心的人,在我写作业的时候叫我去洗碗!"

"这样就会打断你的学习思路了。"

"如果是亲生的,会这样吗?中考前还说我考不上高中,他会这么咒他儿子吗?"

"你还有兄弟?"

"他和我妈生的。但我觉得,和我没有关系。我妈不想生,但他是独子,说一定要有一个自己的孩子。我妈也没办法,就骗了我好久,一直到大肚子瞒不住了,才说什么手心手背都是肉,说我才是贴心棉袄。那都是骗人的。到现在,我仍然盖一条秋被,上面盖着两件羽绒衣,半夜衣服总掉地上,我就会冻醒。他们眼里就只有那个儿子!老师,您能不能把他们两个都叫去学校谈谈,好好教育他们。我不是他亲生的,但他既然选择和我妈结婚,我也是他们的孩子啊!"

"如果你愿意的话,我可以安排时间。但是,你要保证不离家出走,这样很危险。你看,外面这么冷,老师刚到家,浑身都冻僵了呢!你这个时候跑出去,可真的要变成'冻美人'了!"

"我也就是想想,这种天气我能去哪里,所以才联系您了!"

安抚了小吉的情绪,并获得她不离家的承诺后,我联系了小吉的班主任,并约好了她母亲来校沟通。

过了约定的时间好久,小吉的母亲才推着婴儿车出现,小宝宝正熟睡。她抱歉地说,儿子特别喜欢哭闹,一刻也无法离开人。尽管已辞职带孩子,但每天仍手忙脚乱,很难像以往那样照顾好小吉的日常起居,这让小吉心生怨气。

在沟通的过程中,我了解到小吉家庭的更多情况。小吉父母在其读小学时离婚,母亲再婚后来到上海。继父对小吉视如己出,却不善于沟通和表达,且持有"棍棒底下出孝子"的观点,因此倾向于通过嘲讽、激将的方式教育小吉。上小学时,小吉比较乖巧听话,成绩不错,所以一家三口的关系还算融洽。小吉步入青春期后,想要独立自主,中考失利后,家庭矛盾逐渐出现。小吉上了高中后,与继父的关系越来越糟糕,尤其在知道母亲怀孕后,和母亲的交流也减少了,习惯一到家就拿着手机戴上耳机。平时父女俩经常恶语相向,继父习惯性说"滚出去",小吉则习惯把房门锁上,宁愿吃泡面也不愿意吃母亲做的饭菜。由于担心小吉在房间里做出过激行为,继父把小吉房门的锁卸掉了,矛盾更加激化。

而昨日的冲突,是因为小吉回家后一直戴着耳机,不但不回应继父的话,对母亲也是不理不睬的。当继父进房间准备收小吉的耳机时,小吉把继父推出房间。觉得尊严受到挑战的继父转身打了小吉两巴掌，导致小吉鼻子出血。小吉跑进卫生间，一边哭，一边用手把血都抹在镜子上，情绪完全失控。母亲不知如何是好，只能抱着小吉痛哭。看到小吉的样子，继父万般后悔，扇了自己两耳光向小吉道歉，但小吉不接受，随后回到房间，用写字台等把门堵了起来，然后给我发了消息。

在和小吉母亲沟通后，我又找小吉做了交流。小吉告诉我，自从弟弟出生后，她晚上经常做噩梦，还出现过几次哭闹着一定要母亲陪自己睡觉的情况，甚至还尿床了。她的这些状况没有引起母亲的重视，母亲反而以弟弟还小，更需要妈妈照顾为由，没有陪伴她。继父则认为小吉不懂事，故意为难母亲，和弟弟争宠，因此不停指责和嘲讽她。小吉觉得自从有了弟弟后，他们才是一家人，而自己则是多余的。心有不甘的小吉，还会试探父母对自己的关爱程度。比如，明明可以自己换冬被，却宁愿让自己冻着，看母亲和继父是否会给自己换。

看来小吉已经出现了心理防御机制中的退行现象。退行是指人们在受到挫折或面临焦虑、应激等状态时，放弃已经学到的比较成熟的适应技巧或方式，而退行到使用早期生活阶段的某种行为方式，以原始、幼稚的方法来应付当前情景，来降低自己的焦虑。小吉自己都无法理解的哭闹、尿床等行为就是退行的表现。为了缓解小吉对自己退行行为的焦虑，我对小吉解释她内心缺乏安全感、压力大，出现这些情况都是正常现象，并建议她把自己的需要说出来。

在后续的辅导中，我给小吉母亲提出了以下建议。

第一，母亲要多关注女儿的情绪变化，在女儿愿意沟通的时候，尽可能放下手中的家务，做好倾听者。比如，小吉平时吃饭比较慢，这就是一个很好的亲子沟通的机会。

第二，丈夫在家的时候，多抽时间陪伴小吉。比如，可以让丈夫看护睡着的儿子，母亲可以把洗晒好的衣服拿到小吉的房间整理，陪小吉说说话。周末让丈夫带儿子玩，母亲和小吉做以前常做的糕点。

第三，建议丈夫不要说"滚出去"之类的话，尽可能不再因为表述不当而引发孩子的情绪问题。

小吉听到我给她母亲提的建议后,情绪逐渐平复,对母亲在自己房间叠衣服和每个周末一起做糕点的建议尤为赞同。同时,小吉也主动提出,在吃饭的时候会把耳机拿下来。

在后续的跟进中,我们了解到,小吉的继父也做出了很大努力。家里请了钟点工,为母亲分担家务。小吉母女周日会一起做糕点。虽然父女之间还会有一些言语上的冲突,但继父不再说"滚出去"之类的话,而是回到房间冷静,小吉再没出现过激的行为。

聆听手记

父母离异、丧父、丧母等事件可能引发儿童及青少年的心理危机,他们需要调动较大的心理能量以适应新的生活环境。而父母再婚又使他们面临更为复杂的家庭生活模式。一项关于再婚家庭的调查数据显示,有21.6%的儿童有较严重的情绪烦恼,有18.9%的儿童存在精神紧张,有56.8%的儿童有较强的压抑心理,这些数据均高于其他家庭类型同类指标人数的百分比。这是因为儿童在家庭中的人际关系、受关注程度、经济支持等都因家庭重组而发生变化。这些变化带来的权利剥夺感、情感忽视感等会让儿童及青少年产生不安全感,从而更容易表现出忧虑、紧张和压抑等不健康情绪,对日常生活事件也会更为敏感。因此,再婚家庭子女的心理健康问题不容忽视。

再婚家庭的父母需要时间来学习和磨合与新家庭成员的相处模式。在家庭教育方面,或是因为方法不当,或是因为更容易表现得战战兢兢,家长对继子或继女抱有一种"打不得又骂不得"的心理。其实,再婚家庭的孩子内心更渴望关心、认可和一视同仁。重构良好的人际交往模式,无论是对儿童及青少年,还是对成年人,都是重大的挑战。家长应在保障孩子物质生活条件的同时,更加注重精神层面的关心和关爱,营造开放、理解、宽松的沟通氛围,让他们都能在尽可能短的时间内,在物质和精神上重新获得一个完整的家庭。

第 4 辑

心理障碍：恐惧与调适

　　面对孩子的一些反常现象，一些成年人会认为，孩子思想态度不端正、吃不了苦、太矫情等，给出"别多想""出去散散心就好了"等建议以表关心。一些家长甚至直到孩子的反常现象影响到了学业，才引起重视，导致错过最佳干预时机。

　　家长要为孩子创造温馨的家庭氛围，正视孩子的心理疾病，勇于寻求专业力量的干预。教师要积极开展心理健康知识的宣传教育工作，引导学生积极自助与求助，开展家校协同工作，以提升学生的心理弹性。

1 她为何畏惧游泳池
——如何引导学生科学减肥

一大早,我办公室的电话铃声就响个不停。拿起电话,话筒里传来的是陆老师急切的声音:"喂,你现在有空吗?我想带个女生过来做心理咨询。"我爽快地回答:"欢迎啊!是什么学生?"正想问个明白,只听陆老师说:"一会儿你见了就知道了。"

不到十分钟,陆老师与高一女生小瑶就出现在我的面前。陆老师把我拉到一旁,悄悄地告诉我:"小瑶一上游泳课就逃避,一个学期以来,她以各种各样的理由请假不上游泳课。我不知道她逃避游泳课的真正原因是什么,感觉她心理有问题,希望你能帮助小瑶克服畏惧泳池的心理。"陆老师一说完,就风风火火地向操场跑去。

小瑶低着头一声不吭地坐着。我细细打量眼前这个逃避游泳课的女生。据我目测,她的身高大约 160 厘米,体重不会超过 40 公斤,极瘦。

逃避游泳课可能有很多种原因。比如,她可能被水呛过,所以惧怕下水;可能对自己的体形不自信,所以害怕穿泳装;可能体质虚弱,所以对泳池里的水过敏……我决定与小瑶好好谈谈,了解她逃避游泳课的真实原因。

"小瑶,你会游泳吗?"我问。

"我不会。"她轻声地回答。

"以前游过泳吗?"

"小时候游过。"

"还记得那时你多大吗?游泳感觉开心吗?"我继续问。

"读幼儿园的时候，爸爸、妈妈带我去游泳，很开心的。但自从读初中后，我就再也不敢下水游泳了。"她很配合地回答我的提问。

"是什么原因，让你在初中以后再也无法享受游泳的快乐呢？"我感觉她逃避游泳的原因即将找到。

她变得沉默不语，表情也变得复杂起来。

"小瑶，你有多高啊？"我开始转换交谈的话题。

"159.5厘米。"她答道。

"能告诉我，你的体重是多少吗？"我触及了敏感话题。

"不知道。"她有点儿不耐烦地回答。显然，她对自己的体形是有想法的，我估计这与她不愿游泳有一定的关联。

"陆老师说你一学期没上过一次游泳课，每次请假的理由是相同的吗？"我直截了当地问。

"不一样。"她回答。

"你总有不能游泳的理由，是巧合还是畏惧？"我深入地问。她又变得沉默不语，并表现出明显的焦虑不安。

"我知道逃避游泳课不是你的本意，是不是有难以开口的原因使你畏惧泳池？"我问。

她搓动双手，不回答。

"假如今天你还没有做好处理此事的心理准备，也没关系，在你需要的时候我们再谈，好吗？"我决定结束这次非当事人主动求助的心理咨询。

她默默地点点头，快速离开了心理咨询室。

望着她离去的背影，我后悔不该爽快地答应陆老师的请求。心理咨询需要来访者主动、自愿求助才能产生效果，而不是老师一厢情愿地"送货上门"就可以解决问题。此时，我最担心的是，陆老师的热情相助和我的主动介入，会让小瑶产生"被教育、被控制"的尴尬与畏惧感。我最希望的是，小瑶能主动来心理咨询室。

在期待小瑶再次出现的日子里，我了解了她的一些情况。在查看她的入学登记表时，我发现，以前的她有着一张胖嘟嘟的圆脸，照片上的她与现在的样子真是判若两人。在档案材料里，我找到了她初中毕业时的体检表：身高159.5厘米，体重59公斤。我很纳闷儿，为什么短短一年的时间，她的体重会发生如此大的变化？

我还听班主任说，在本学期的体育课上，小瑶晕倒在操场上两次。我的头脑里突然闪过一个念头：她是不是因为采用了不恰当的减肥方式而造成体重过轻、体质下降？我真希望能马上找到答案。

陆老师说，本周游泳课小瑶不仅没参加，也没请假。班主任说，小瑶近日没来上学，也没请假。于是，我决定与班主任一起做一次家访。我们来到小瑶家，看到她两眼发呆躺在床上，床边放着一本《减肥指南》。当我们问小瑶为什么如此虚弱时，小瑶妈妈终于说出了小瑶的减肥经历。

上初中时小瑶有一点儿胖。她总是既羡慕又妒忌地对好朋友倩倩说："你的身材真好！白嫩的皮肤，修长的腿，细细的腰，让我羡慕死啦！你看我，肚子上都是赘肉，多难看！"

她也常常向妈妈抱怨："我恨死你了，把肥胖基因遗传给我。"

她总抱怨自己生不逢时，长在这个以瘦为美的时代，常常想象自己可怕的未来，担心考学时，因为胖未被理想学校录取；害怕求职时，因为胖被用人单位拒绝录用；担忧恋爱时，因为胖而没人爱她……

"我要减肥！我一定要减肥！"强烈的减肥欲望把她逼上了苦苦的减肥之路。她在床头贴了一张"一个月减5公斤"的宏伟计划表。为了减肥，她一点儿荤腥不沾，午餐喝点儿粥或清一色地吃素，只吃青菜、豆腐。早餐、晚餐就是一个苹果，加两片面包。

她十分相信《减肥指南》上的话："尽可能少吃脂肪、油、糖含量高的食物；不要到时就吃，而是感到饥饿难忍时才吃一点点；不要站着吃，而是坐着吃；吃得越慢越好，进食越少越好……"

持续一个多月的减肥行动后，小瑶饿得头晕眼花，虽然体重真的有所下降，但因过分节食而被虐待的胃出了毛病，时常疼痛。为了吃饭的问题，小瑶与爸妈闹起了矛盾。小瑶爸妈怕她因盲目减肥导致体重过轻而影响健康，总是哄她吃或逼她吃。小瑶整天纠结着是吃还是不吃。

一天，小瑶路过一家美容中心时，被门口的减肥广告吸引。工作人员见状就忽悠她，强调她们的减肥胶囊不用节食。

"真的有效果吗？"小瑶将信将疑地问。

"当然，我们的减肥胶囊是用海洋植物和豆类植物中的提取物制成的全天然产品，不仅减肥效果明显，而且其中含有丰富的营养素，能及时补充人体所需的各种营养，在减肥的同时还能增强体质。"小瑶听得心花怒放，庆幸终于找到了既能吃饭又能减肥的两全其美的好方法。

于是她拿出了存了很久的2000元压岁钱，瞒着家人偷偷买了减肥药服用。一段时间后，她见到食物不想吃只想吐，每天拉几次肚子，身体新陈代谢出现紊乱。原来她吃的减肥药若长期服用会造成胃肠功能紊乱。由于乱吃减肥药和过度节食引发了腹泻、头晕眼花、手脚发软等症状，她已经连着好几个月都没有来例假了。

开始时，小瑶沉浸在迅速减肥的欣喜中，但慢慢地发现自己的体重一直在往下滑，59公斤—50公斤—45公斤—40公斤，脂肪的确不见了，但骨头开始突出，原本丰满的胸部变得干瘪起来，女性的曲线特征也完全消失了。过去是因为怕露出赘肉而不敢穿泳装，现在则是骨瘦如柴的体形让她没勇气穿泳装。

听了小瑶妈妈的述说，我们真为小瑶担心。如果她不及时进行调养与治疗，后果将不堪设想。小瑶从逃避游泳发展到了畏惧游泳，真正的原因是对自己缺乏信心。我们帮助小瑶摆脱困境的计划分两个步骤进行。第一，让小瑶尽快恢复正常饮食，以保证青春期生长发育，补充维持女性正常的内分泌功能所需的各种营养物质，同时适当补充些雌激素。第二，让小瑶学会接纳自我，克服自卑心理，找回自信。期待小瑶能够尽快重拾信心，身心健康地投入学习和生活中。

聆听手记

很多少女希望自己身材苗条、美丽动人。高一女生小瑶,本想通过减肥获得好身材,没想到却因乱吃减肥药和过度节食导致代谢不良、内分泌紊乱,并引发闭经、头晕目眩、脱发、皮肤干燥等与美背道而驰的症状。没有美感的身体,摧毁了小瑶的自信。当同学们享受游泳的快乐时,她只能痛苦地逃避。

医学专家告诉我们,青少年时期是精力最充沛、求知欲望最强烈的时期,需要充足、全面的营养,以保证身体和智力的发育。如果因为减肥而节食、挑食、偏食,就会造成营养不均衡。

少女盲目节食减肥,势必会给正在发育的身体造成危害。除可导致贫血、甲状腺功能亢进等营养性疾病外,还会引起内分泌失调,如月经不调、闭经等,使身体机能发生紊乱,甚至导致神经性厌食症,严重的会引发死亡。如果确实体重超重,教师应指导学生采用科学的减肥方法,在保证均衡膳食的基础上,加强体育锻炼,同时在日常饮食中注意摄入一些能促进脂肪代谢和降解的营养素。

2 爱猜疑的敏感女生
——如何引导学生排解多疑心理

一天，正准备下班时，一个女生气喘吁吁地闯进我的办公室说："老师，您有时间吗？我现在想做个心理辅导。"不知眼前这个快人快语的女生，有何困惑亟须帮助。

"请坐，我该怎么称呼你？有什么可以帮你？"我静下心来接待了她。

"老师，我是高一年级的，叫小黎。我感觉自己很变态。"女生直接给自己贴上了标签。

"变态？是与常人有点儿不同吧？说来听听。"我期待她尽快说出自己与众不同的行为。

"别人说过的每一句话，做过的每一个动作，露出的每一个表情，我都会反复思考，推测它的原因、动机和后果，一定要把事情的来龙去脉搞清楚才罢休。"她很认真地说。

"你觉得这样做有什么不好呢？"我问。

"我每天都处于这样的状态中，身心疲惫，无法集中精力专心读书。我想改变这种行为。"她的求助愿望和目的十分明确。

"你把事情搞得一清二楚，想达到什么目的呢？"我启发她思考自己行为背后的动机。

"我怕他们伤害我，所以，要搞清楚到底有没有危险。"她说出了喜欢推测的理由。

我基本明白了，她是一个缺乏安全感、敏感而又多疑的人。一个人缺乏安全感，常常与他的家庭环境和童年经历有关。

"你爸爸、妈妈是做什么工作的?"我想了解她的家庭背景。

"妈妈是小学老师,爸爸做营销,常年在外地工作。"

"在你心目中,爸爸、妈妈对你关心吗?"我想知道她的童年经历。

"怎么说呢?爸爸很少回家,但有时打电话时会问:'最近考试了吗?考得怎么样?'我如果告诉他考了75分,他马上就会说:'这么差,你是不是又退步了?你以前不都考90分吗?要用功哦!'反正我很不爱听这样的话。他从来没有表扬,只有指责。看似关心,其实是不切实际地教育一番。

"妈妈天天管我,我做作业时,她就陪在身边,监视我的一举一动,常常对我说:'你看隔壁邻居家孩子多用功。''你看同事家女儿多优秀。'反正,我永远不如别人家的孩子好。表面看起来,她很辛苦,我学习她陪读,我休息她做家务,但实际上对我一点儿也不放心,一点儿也不尊重,我在他们面前也总说一些违心的话。"她对父母的教育方式很不满意。

"你在父母面前不说真心话,他们知道吗?"我问。

"大概知道吧。我说话时总要想好上句与下句的逻辑关系,不能让他们看出破绽。小时候,因为我说话吞吞吐吐,妈妈一着急就会打我。所以,从小我就不对父母说真心话。"

因此,她总是提防别人对她说假话。为了判断真伪,她常常凭着自己设置的机关套路,去揣摩别人的心思,久而久之,进入了敏感、猜疑的误区。除了家庭环境会对孩子的心理和行为产生重要影响,童年经历也是一个不可忽视的影响因素。

"在你的童年记忆中,是否发生过对你成长产生重要影响的事件?"我问。

"发生过啊。我从小就不相信任何人,所有答案都靠自己去寻找。我刚进幼儿园的时候,每天入园后就哭,持续了很长一段时间。一天,老师哄我说:'我带你去吃蛋糕吧。'我相信了老师,跟着她到活动室的阳台,没想到老师把我一个人反锁在阳台上就走了,我再哭也没人听得见了。这种上当受骗的感觉,让我感到孤独和害怕。从那以后,我就再也不相信老师了。"她很委屈地说。

在孩子的成长经历中,老师也是关键的影响者。老师对学生有意或无意的伤害,会影响学生一辈子。爱一个学生,是从充分的尊重开始;伤一个学生,是从剥夺其自尊开始。也许,这位老师对一个天天哭闹的孩子感觉束手无策,烦恼不已,但使用欺骗和惩罚的手段只能暂时控制孩子的言行,却会深深地伤害孩子的自尊,失去孩子的信任。

受骗被关阳台的经历,在她幼小的心灵里留下了要侦破"诡计"的烙印,所以,当别人在她面前留下一点儿信息时,她就会习惯性地刨根问底、寻找答案。有时,这让她陶醉在"破案"成功的喜悦中,但更多的时候,则是把她带入难以走出的迷魂阵。

"你平时与同学的关系如何?"我转移了话题。

"不好,很不好。我不知道自己做错了什么,经常受同学的冷落,甚至是攻击。"说到这里,她欲哭无泪。

"也许你并没有做错什么,但有可能做得不够好,无意中伤害了同学;也有可能你做得太好,无形中得罪了同学。确实有必要反思一下,自己在为人处世方面做得怎么样。"我一边安慰她,一边开导她。

"我初中时是班长,学习成绩很好,是一个心气很高的人。平时对同学说话态度不好,经常命令他们,指责他们。当时班里就有一帮同学在背后与我作对,甚至在网上指桑骂槐地攻击我。虽然老师比较信任我,但有些同学时常故意刁难我。那时,我看到每个人的动作和眼神后,都拼命去分析、寻找背后隐藏的含义。"

小黎与同学的关系不好,身边没有朋友,这导致她一方面孤芳自赏,另一方面敏感、猜疑。

"你平时有什么兴趣、爱好吗?"我想看看她除了喜欢猜疑外,是否还有其他关注点。

"我喜欢看推理小说,如《福尔摩斯探案集》《名侦探柯南》等。受小说影响,我常常会用小说中的推理方式,分析现实生活中的场景,有时把自己搞得毛骨悚然。

"有一次，我早上起来看到窗外有一只乌鸦在叫，当时我就觉得很恐怖。因为有人说过，乌鸦叫凶多吉少。来到学校后，一个穿黑色衣服的同学对我咧嘴一笑，我立刻害怕起来。我想到黑衣同学的笑与乌鸦的叫，应该不是巧合，而是有必然联系的。我是不是要遇到倒霉的事情？整整一天，我都在担惊受怕中度过。

"还有一次，闹钟没有响，早上我突然惊醒，抬头一看恰好是该起床的时间。我很惊讶：闹钟怎么会出现故障，我为什么会在这一刻惊醒？难道是巧合？一定不是，肯定是有一种信号在提醒我。那是谁在操纵信号？是通过什么来操纵的呢？我百思不得其解。"她煞有介事地说。

现在，我们可以更清楚地看到，从小得不到父母肯定、老师赞美的小黎，在与人相处时出现了不信任、相处不融洽的问题。缺乏安全感和信任感的她，常常敏感地观察周边人对自己的态度，习惯用猜疑的方式去分析他人的意图，想通过逻辑推理的过程，找到保护自己的方法。有时在一连串毫无逻辑的推理之后，得出令人啼笑皆非的结论，落入了捕风捉影的陷阱，出现了庸人自扰的结果。

为了帮助她从异常敏感、喜欢猜疑的困惑中解脱出来，我让她做了一个心理小游戏：在5分钟内写出10句"我是一个什么样的人"。

5分钟到了，她的答卷上写着：

我是一个高一女生。
我是一个敏感的人。
我是一个爱推理、分析的人。
我是一个不快乐的人。
我是一个人缘不好的人。
…………

"如果给你足够的时间，你还会写什么？从现在的答案来看，你是一个不自信的人，对吗？"我问。她点头表示认同我的观点。

"有些人看似在怀疑别人，其实是在怀疑自己。自信心不足时，总怀疑别人要伤害自己。当有了足够的自信心时，才能理解别人，信任别人。

"今天的心理辅导到此结束，给你布置两个家庭作业：第一个，用科学的方法解释乌鸦叫；第二个，调查闹钟没有响的原因。"

一周后，小黎再次来到我的办公室，进门后就兴奋地对我说："老师，我交作业。第一题，乌鸦叫凶多吉少是迷信的说法。乌鸦是一种群居食腐动物，如发现食物，便会呼唤同伴来分享食物。久而久之，人们就把乌鸦和死神、不祥之物相联系。

"第二题，闹钟不响的原因是，那天妈妈打扫卫生时，不小心碰到了闹钟后面的一个小按钮，因此失去闹铃的功能。这纯属意外。我突然惊醒大概是人体生物钟的作用，很神奇。"

"现在再让你写出10句'我想成为一个怎样的人'，你会怎么回答？"我问。

我想成为一个善于分析的人。

我想成为一个积极思考的人。

我想成为一个了解自己的人。

我想成为一个关注他人的人。

我想成为一个自信的人。

我想成为一个快乐的人。

我想成为一个有很多朋友的人。

我想成为一个信任同学的人。

我想成为一个受人欢迎的人。

我想成为一个尊敬长辈的人。

她一脸兴奋，自信与知识让她逐步走出敏感、猜疑的误区。

聆听手记

在心理诊断中，猜疑和多疑是程度不同的两个阶段。猜疑只是一般的怀疑，这种怀疑有可能毫无道理，也可能有一定道理并符合客观事实。正常的猜疑心人皆有之，不属于心理问题。多疑的人却往往通过想象把生活中发生的无关事件拼合在一起，或者无中生有地制造出某些事件来证实自己的成见，把别人无意的行为表现，误解为对自己怀有敌意，甚至把别人的善意曲解为恶意，以致与人产生隔阂。

本案例中的小黎，目前只是因不良人际关系而形成了猜疑心理，如不加干预，任其发展，就有可能发展成多疑心理障碍。

老师不仅要引导她树立自信心，大度地对待同学的议论甚至伤害，而且要让其父母和其他老师明白，过分的控制和过度的教育，只能让学生失去自尊和自信。受过伤害的学生，有的因自卑而变得敏感、多疑，有的因逆反而容易产生暴力倾向。信任和鼓励是促进学生健康成长的营养品。

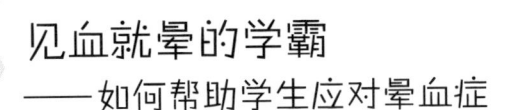

3 见血就晕的学霸
—— 如何帮助学生应对晕血症

每年三月底四月初，是国内外著名大学自主招生陆续放榜的时间，那些如愿以偿收到心仪大学录取通知书的高三学生，提前结束了备考的煎熬，令人羡慕。小明同学收到了国外和国内著名大学录取通知书。我在校园里常见到他的身影，志愿者服务中有他的岗位，社团展示中有他的舞台，大家都认为他是一个阳光、快乐、富有才华的幸运儿。但令大家万万没有想到的是，他居然见血就晕。

一个春雨蒙蒙的中午，我撑着一把红色的伞，惬意地走在校园里，正巧遇到小明，我刚想问他最近忙些什么，不料他见到我手中的红伞，脸上露出了紧张甚至恐惧的神色，快速地逃离而去。我明显地感觉到他对红色非常敏感，而这种敏感令他痛苦。

几天后，我再次遇到了他，问他："你决定去哪儿读书？"

"我决定去国外。"他很认真地对我说。

"为什么没见你开心的样子？"我直接地问。

"我有问题想找您好好咨询呢。"他严肃地说。

"是困惑还是担心？与出国有关吗？"我问。

"老师，到时候再细谈吧。"他有点儿为难地说。

再见面时我有意在进门处放上那把红色的伞，想看看他的反应。不出所料，他迟疑了一下才走进来。

"请坐。你想咨询什么呢？"我主动开口问。

"最近不知为什么心里有点儿乱，大概是怕出国吧。"他不确定地说。

"你是担心自己的独立生活能力,还是有其他原因?"

他沉默不语。

"我发现你对红色很敏感,与这个有关系吗?"

"老师,您是怎么知道的?"他很惊讶地看着我问。

"我是凭直觉猜的,对吗?"我显得比较随意地说。

"您的感觉真准!我怕红色,见血会晕。"他痛苦地低下头。

"有过晕血的经历吗?愿意谈谈吗?"我等待他的回应。

"前一阵儿刚发生了一件很丢脸的事儿。体检抽血时,我突然晕倒了,被同学、老师抬到一边歇了一会儿才醒过来。我查了资料,这叫晕血症,严重的话会失去知觉,影响学习和生活。"

"你平时见到血有什么样的感觉?"我问。

"怕,很怕。"他痛苦地说。

"你还记得从何时开始有了这样的感觉吗?"我继续问。

他双手紧握,嘴唇紧抿,再次陷入了沉默。

"对不起,是不是让你想起了不愿面对的情景?"我打开音响放出轻柔的音乐。他靠在椅背上慢慢地闭上眼睛。

随着旋律的变化,音乐逐渐变得高亢,他的呼吸速度明显加快,情绪变得激动,随后他惊恐地睁开眼睛说:"我看到了很多血。"

我把双手搭在他的肩上,轻轻地说:"不要怕,老师在你身边。"

过了很久,他的情绪终于平静了下来。他告诉我,在6岁那年,他目睹了可怕的一幕:"爸爸与妈妈吵架,吵得很凶,爸爸失控地拿起桌上的烟灰缸砸向妈妈。顿时,满脸是血的妈妈躺倒在床边。我害怕极了,躲在床的角落里大声地哭。从那以后,妈妈就消失了。听爸爸说,妈妈一气之下提出离婚离开了我们。"

我明白了他为什么见到红伞后如此紧张。因为在他的记忆里,红色伴随着恐惧的体验;在他的心灵中,鲜血又与失去母爱连在一起。

我问他,对自己的血液是否也有恐惧感,他说出了另一段让他记忆深刻的经历。10岁那年,削铅笔时不小心把手上一大块皮给削掉了,鲜红的血流了出来。他见到满手是血，感觉自己要死了，渐渐地就产生了眩晕的感觉。后来，发现自己软绵绵地躺在老师怀里。因为这件事，他常常被同学取笑为"胆小鬼"。现在他不仅怕见到血，更怕晕血后狼狈的样子。所以，他一直回避血。

小明是不是患有晕血症？有医学资料表明，晕血实际上是发源于大脑皮层中的意识活动，是由于看到或嗅到血液而产生的意识及躯体的一种过激反应。意识上有惊恐等反应，生理及躯体上表现为血压升高、心率加快、反胃、肢体无力、心悸、眩晕等症状。

晕血症又叫血液恐怖症，并非器质性疾病，而是心理疾病，是一种特殊处境中的精神障碍，与怕见蛇、毛毛虫的"物体恐怖"，以及怕见陌生人或异性的"交际恐怖"同属恐怖症，与胆小没有联系。

小明把他在幼年时见到妈妈被烟灰缸击中而满脸流血的恐惧体验带入生活中并形成一种潜意识，于是一遇到血，就出现晕血的状况。

对一个幼小的孩子来说，失去妈妈即失去安全感，肯定会产生极度的恐惧感。所以，只有帮助小明找到妈妈，才能帮他找回安全感，消除恐惧。

在征得小明同意后，我约他爸爸前来心理咨询室面谈。

三天后，我见到了小明的爸爸。他是一位身材魁梧、说话声音洪亮的中年男人。谈到造成小明心理创伤的"烟灰缸事件"时，他表示深深的愧疚。我告诉他，想要帮助小明克服晕血的心理障碍，需要爸爸、妈妈的共同配合，只有找回小明渴望的母爱才能消除他内心的恐惧。小明爸爸表示愿意主动与前妻联系，争取获得前妻的原谅。

让我感到意外的是，第二天中午小明妈妈就打来电话，说当年一气之下离开了丈夫和儿子，也离开了上海。这么多年来，虽然一直牵挂儿子，但没有勇气见儿子，因为自己重组了家庭，又生了孩子。得知小明晕血与自己的突然离去有关时，她意识到自己的行为伤害了孩子。现在，只要能够弥补作为母亲的过失，她愿意听从老师的指导。

小明的父母都愿意通过改善彼此的关系来抚慰孩子受伤的心灵，这对小明来说是一个良好的改变契机。一周后，小明的妈妈专程从外地赶到上海，三人在心理咨询室见面。小明亲耳听到爸爸对妈妈说："对不起，请原谅我当年的无理和粗暴。"亲眼看到妈妈对爸爸说："这么多年来，你把儿子培养得这么优秀，真不容易，谢谢你。"两人终于互相谅解了。

为了帮助小明彻底摆脱晕血的痛苦，我还采用了系统脱敏法，为他设定了阶梯性恐惧值，让他循序渐进地接触并接受"带血情景"。前面两次提到的红伞，就是首先让他接触的物品。我还带他去医院抽血处转转，小明终于明白晕血不是不治之症，经过脱敏治疗完全可以治愈。

经过一段时间的矫治，他对我说："老师，现在我有信心踏上出国求学之路了。"

聆听手记

品学兼优的小明，在高考前夕获得了就读名校的资格，大家都以为这样的幸运儿应该是无忧无虑、轻松、快乐的。但令人难以置信的是，他遭受晕血的尴尬与痛苦，对独自踏上出国求学之路充满担忧，甚至是恐惧。

一次家庭暴力的经历和妈妈的突然消失，在他幼小的心灵深处留下了血腥与恐怖的烙印。随着时间的推移，这种记忆慢慢进入潜意识，变成了见血就怕、就晕、就恐惧的条件反射。

晕血症是一种心理疾病。轻者见血感到恐怖、恶心；重者面色苍白，出冷汗，血压降低，脉搏变弱，甚至出现意识丧失。晕血症会影响患者的工作和生活，但通过心理矫正和医学治疗，是完全可以治愈的。

教师对小明的心理咨询从分析原因入手，然后通过认知—行为改变的方法，进行脱敏矫正。特别是通过改善父母关系，找回母爱，增强了小明内心的安全感，淡化了留在他内心深处的恐惧感。

小明消除了晕血的心理障碍，降低了心理恐惧感后，一定会增强自主性与自信心，我期待他从国外发回好消息。

4 担心患乳腺癌的女生
——如何引导学生直面病魔

心理课课代表向我反映:"小敏同学近来情绪有点儿反常,原本活泼、开朗的她,最近总是闷闷不乐。她不仅学习成绩出现明显滑坡,还常常躲在校园僻静处暗自落泪。大家都想帮她,但她什么也不愿说。"

考虑到心理咨询中"来者不拒,去者不追"的自愿求助原则,我不能直接找小敏谈话,而是等待她主动求助。

这次心理课的主题是"生命的思索与敬畏"。在情境导入环节中,我播放了13岁少女为捐肝救父而自杀的视频。

小敏睁大眼睛,认真地看视频,眼泪在眼眶中打转,最后,趴在桌子上大哭起来。同学们都很惊讶,不知道她为何如此激动。

课后,小敏主动找我。"老师,我不想做傻事,但又不知道该怎么办。您能帮我吗?"于是,我了解到她确实遇到了难题。

小敏的妈妈得了乳腺癌,在做手术和化疗后,失去了一头秀发。病魔摧毁了她的自信。憔悴的脸庞与变形的身体,让原本漂亮的妈妈变得自卑。以前温柔的妈妈,现在脾气暴躁,有时甚至变得歇斯底里。

小敏无法面对这样的妈妈,一方面同情、可怜她,另一方面又讨厌、惧怕她,不知道该如何接受妈妈。

她还告诉我,自己无意中看到的一部电视剧讲述了生活在乳腺癌病史阴影下的一家人。这个家中有三个女儿,二女儿和三女儿都被查出患上了乳腺癌。二女儿为此失去了工作,三女儿为此失去了男友……总之,身患乳腺癌不仅使本人感到绝望,连她的家人都痛苦不堪。剧中的医生说:

"乳腺癌患者中有50%的人存在家族遗传史。"

小敏说:"我看了那部电视剧,感觉很不好。妈妈生病我是不是有一半的遗传概率?我很害怕自己也会患上乳腺癌。"

小敏又看了作家毕淑敏的小说《拯救乳房》。小敏说:"我几乎是一口气将它读完的。我开始了解妈妈,但不知道该如何帮助妈妈。"

小敏不断地去了解乳腺癌,越了解越痛苦,越感觉可怕。

我决定帮助小敏科学地看待病魔真相,解除心理疑惑。

首先,要让小敏了解乳腺癌患者共性与个性的心理状态,理解和接纳妈妈的异常情绪和行为。

手术及化疗后造成的乳房缺陷、形体改变及脱发必然会导致乳腺癌患者自尊心受损,产生受歧视感、自卑感、无助感,降低自我评价,担心自己失去躯体功能,成为别人的负担。患者会对自己的身体感到羞愧,回避与人交往。这时,患者最需要获得家人的关心、支持和理解。

我指导小敏通过以下方法帮助妈妈改变心态。

转移法:可以陪妈妈听音乐、看电视、养花、散步,使她将注意力从不良的心理状态转移到其他方面,获得情绪上的稳定。

吐露法:如果将不良情绪憋在心里会造成精神负担,所以,小敏要引导妈妈在亲人、朋友面前吐露心声,以减轻心头的不快。家人应多理解,多包涵,使其心情舒畅一点儿。

忘却法:在妈妈面前应尽量少说一些治疗失败的病例,以减少负面情绪对妈妈的刺激,通过做积极、快乐的事儿使她忘却痛苦。

其次,帮助小敏了解乳腺癌与遗传的关系,消除恐惧心理。

有医学资料证明,乳腺癌确实有家族遗传,但遗传概率不是很大,绝非电视剧台词中所说的50%。实际上,遗传的并不是肿瘤本身,而是发生肿瘤的易感性。肿瘤患者家族中的人受环境、饮食、心理状态、内分泌状况等综合因素的影响,比一般人得肿瘤的可能性更大。总之,肿瘤不会直接遗传,但易感性是存在的。

所以,小敏没有必要整天为自己可能会患上此病而忧心忡忡。

最后，让小敏了解乳腺癌预防常识，健康地生活。

医学研究表明，乳腺癌是可以预防的。要把好饮食关，避免饮酒。酒精可刺激脑垂体前叶催乳素的分泌，而催乳素与乳腺癌发生有关。要多吃白菜和豆制品，白菜里含有一种化合物（约占白菜重量的1%），能帮助分解雌激素。豆制品则含有异黄酮，能有效抑制乳腺癌的发生。鱼类中含有一种脂肪酸，具有抑制癌细胞增殖的作用，适当地多吃些鱼，对预防乳腺癌十分有益。另外，平时要注意乳房自查，从20岁开始要定期进行乳腺检查。早发现，早诊断，早治疗，乳腺癌其实是一种可控可治的疾病。

听完我的分析，小敏说："老师，今晚我终于可以安心地睡一觉了，前一阵儿心里太纠结。我应该科学地了解疾病，真诚地对待妈妈。在母亲节的时候，我一定会给妈妈一个惊喜，让她快乐！"她向我承诺。

聆听手记

癌症是一个可怕的、令人难以接受的病魔，尤其是当自己的亲人身患癌症时，我们更是无法妥善应对。母亲身患乳腺癌，身心受到极大摧残，作为女儿该怎样帮助妈妈摆脱痛苦，成了困扰小敏的难题。另外，小敏因为担心自己将来也会患癌症而忧心忡忡。

为了帮助小敏消除担忧，摆脱恐惧，老师采取梳理情绪、引导澄清的方式，让小敏科学地了解癌症，理智地接纳妈妈，真诚地尽孝心。

虽然我不知道小敏在母亲节时会给妈妈送上什么样的礼物，但我相信，一定是让妈妈快乐的礼物。礼物的形式并不重要，重要的是礼物中充满女儿对妈妈的爱心以及对生命的敬意。

活着真好，每个人都应该学会直面病魔，捍卫生命的尊严，激发生命的潜能，提升生命的品质，实现生命的价值。

5 他为何虐杀小动物
——如何引导学生敬畏生命

暑假，我有幸应邀去青少年训练基地指导工作，在以"高效学习，快乐生活"为主题的夏令营基地遇到两位学生——高一男生小强和高二男生小峰。虽说两人性格都比较内向，但对待小动物的态度却截然不同。同住一个寝室的他们到营地的第二天就闹出了矛盾。

营地位于郊外生态园，盛夏时节周边的虫鸟鱼禽随处可见，小狗、小猫也常来串门。小强看到这些十分高兴。不到两天的时间，他捉来了蟋蟀、天牛、知了、青蛙，还有不知名的蛾子，寝室仿佛成了动物世界。夜深人静，小强在青蛙和蟋蟀的鸣叫声中，心满意足地进入梦乡。

可床位靠窗的小峰，望着窗外高悬的月亮，翻来覆去睡不着觉。其他同学都进入了梦乡，而自己被耳边传来的阵阵蛙鸣声、蟋蟀声，吵得毫无睡意。小峰觉得小强可恶，捉来这么多小动物，令本该宁静的夜晚，变得噪声不断。于是，小峰的情绪慢慢地由烦躁变成了愤怒。时钟已过两点，小峰忍无可忍，悄悄起床后借着手机的亮光，来到小强喂养小动物的小罐旁，把它们"赶尽杀绝"。周边终于安静了，小峰慢慢地进入梦乡。

两个熟睡的男生，一个因呵护小生命而获得满足，另一个因消灭小生命而得到快慰。

第二天早上7点，营地响起了清脆的起床号，营员们纷纷起床去集合。小强在集合时间非常紧张的情况下，也不忘去看一眼自己捉来的小动物。他万万没有想到的是，一夜之间，小动物逃的逃、死的死，他惊呆了。

营地老师点名时发现小强未出操，问其他营员，大家都不知道他去哪儿了。老师来到寝室查寻，见小强蹲在地上，哭着说："为什么？为什么它们都死了？"老师从他的表情中能感觉到，他的心理受到了伤害。

是谁杀死了这些小动物？小强的情绪反应为什么如此强烈？老师想要找到答案。

老师召集同寝室的营员们开会，了解昨晚寝室里究竟发生了什么。大家的焦点很快聚集到了小峰身上。因为昨晚大家都在享受昆虫催眠曲的时候，只有小峰翻来覆去睡不着，烦躁不安。小峰承认是自己弄死了这些小动物，因为他特别讨厌小动物，以前也有过虐杀小动物的行为。

一个学生酷爱小动物，另一个学生虐杀小动物，在他们对待动物不同的态度背后，究竟有怎样的心理原因和成长故事？

先说说小强的经历。他生活在单亲家庭，从小与妈妈相依为命。在他出生才20天时，爸爸就因车祸离开了他们。妈妈听到这一噩耗后，哭得昏厥过去。每当孤独和恐惧袭来时，妈妈总是泪流满面地把小强紧紧地抱在怀里。妈妈瑟瑟发抖的颤动频率，成了小强最熟悉的催眠节奏。妈妈最害怕失去小强，所以，平时谨小慎微地精心呵护小强。妈妈对生命的态度深深地影响了小强。小强从小就非常喜欢小动物，在生活中对花草、虫鸟、猫狗的关爱与呵护成为小强与妈妈共同的爱好。小强家养过很多小动物，最近家里还收养了三只流浪猫。小强把小动物看作自己生命中的伙伴，小动物的生老病死直接导致他情绪的起伏不定。每当家里有小生命逝去时，妈妈总要带着小强办个安葬仪式。

现在，我们完全能够理解，面对一夜之间逝去的生命，小强为什么会这样痛苦与悲伤了。

关爱生命本该是一件值得倡导的好事，但过度怜悯，并将小动物与自己的生命视为一体，则是一种对生命的误解。发现生命之美，提升生命品质，才是我们每个人对待生命的正确态度。

下面再来说说小峰的故事。他生活在家教严格的家庭，有时因为一件很小的事情，都会受到继母的训斥甚至殴打。有一次，小峰不小心打碎了家里的一只花瓶，瓶中盛开的玫瑰花洒落一地。继母咆哮着从卧室里跑过来，捡起带刺的玫瑰，劈头盖脸地向小强的脸上抽打过去。玫瑰花上坚硬的刺划伤了小峰的脸和手臂，血慢慢地从细嫩的皮肤中渗透出来，而小峰瞪大眼睛强忍着眼泪不让自己哭出声。

小峰的继母喜欢养花，他的爸爸喜欢养狗。小峰觉得在父母眼中，自己还不如一花一草、一猫一狗重要。他的内心渐渐地产生了对花草厌恶、对猫狗妒忌的情绪。在公园里，只要见到盛开的鲜花，他就会忍不住伸手去摘花、掐叶，破坏一番；在家里，只要见到小狗，就会打得它惨叫乱窜。所以，在营地遇到酷爱小动物的小强时，他的内心顿时产生了莫名的烦躁和忌恨情绪。

在接下来几天的营地生活中，小峰、小强两个人还能够彼此接纳、和睦相处吗？他们之间的问题，可能不是小峰给小强赔礼道歉就可以解决的。从表面上看，小强与小峰的矛盾是由对待小动物的态度不同引起的，但实际上，是由他们内心深处对生命的理解不同造成的。他们内心都有伤痛，心理与行为都有偏差。我们建议两个学生与父母一起，接受心理辅导，在心理咨询师的帮助下，在不伤害他人利益、不妨碍社会公共秩序的前提下，宣泄内心压抑的情绪，改变偏执与野蛮的行为，逐渐从心理创伤留下的阴影中走出来。

对小强来说，重要的是感受生命的坚强，学会享受生命；对小峰来说，重要的是感悟生命的尊严，学会敬畏生命。

聆听手记

关爱、呵护生命，与动物和谐共存，是人本该有的能力与品质。酷爱或虐待生命的行为，很可能是非常态的心理因素导致的。我们在异常行为的背后，可以找到问题的根源。

心理学上有两个现象：一个叫"情绪转移"，一个叫"对攻击者仿同"。有这样一个笑话：男主人在公司受了老板的气，回家后便冲老婆发火。老婆受了老公莫名的训斥，心中窝火却又没法儿向老公发泄，正好孩子犯了一点儿微不足道的错误，就把孩子狠狠训斥了一番。孩子觉得委屈又无处诉说，就踢了家中的小狗几脚。小狗不明白为什么小主人无端惩罚它，就跑到街上，见到一个西装革履的人就咬了一口，而那个被咬的人居然就是男主人公司的老板。这个经典的笑话，讲的就是情绪转移现象。

有学生曾经被父母严格管教，甚至体罚，内心充满愤怒又无处表达，长大后可能会无意识地通过虐待小动物来象征性地宣泄心中的情绪。在虐待小动物时，自己就仿佛是童年时候的父母，而小动物则仿佛是童年时候的自己，这种心理现象在精神分析中被称为"对攻击者仿同"。

通过对小强、小峰两个家庭教养方式的分析，我们看到，一个人的成长、成才与学习能力、智力有关，更与情商、心理品质有关。在关注学生学习情况的同时，老师更要关注学生的心理。

6 楼道口的寻人启事
——如何帮助学生应对暴食行为

一个高档小区的楼道口墙上贴出了一张寻人启事，吸引了众多业主的目光。内容是："近段时间，小区楼道里经常有人随地呕吐，严重影响了小区的公共卫生，损害了业主们的利益。监控视频显示，此事与一名身高约160厘米、留短发的女孩儿密切相关。请各位业主留意，如发现该女孩儿的呕吐行为，请立即与小区保安联系。"

看到这则寻人启事，大家纷纷猜测女孩儿的身份。家住18楼的王女士看完后，有一种预感，女孩儿很可能是自己的女儿小梅。

王女士回想这半年来，小梅经常吃很多东西，有时多得令人不可思议，但没见她有半点儿长胖的迹象，甚至还有比以前消瘦的趋势。

为了进一步确认自己的判断，王女士来到小区监控室调看监控视频。视频里一个熟悉的身影出现了，果然是小梅。小梅从18楼坐电梯来到10楼的楼道处，见左右无人，便用手抠自己的喉咙催吐，吐完后又坐电梯回家。这样的情况在一个月里发生了好几次，而且总出现在周六下午两点左右，此时的楼道内少有人出现。

小梅平时住校难得回家一趟，每周六上午，她总要求妈妈为她买很多零食。午饭后，小梅就坐在电视机前不停地吃，一会儿工夫一大堆食物就不见了。接下来小梅总会失踪一阵儿，妈妈不知道小梅去了哪儿，现在才知道原来小梅去催吐了。

王女士不明白小梅为什么要这样狂吃狂吐，于是，拨通了我的咨询电话。我告诉她，小梅的行为很可能是由暴食症引起的。当时她非常着急地问了一连串问题："暴食症有哪些具体表现？会有怎样的后果？为什么会患上暴食症？"

我耐心地一一回答她的问题。暴食症被称为神经性贪食症，在医学上属于进食障碍的一种，是指不可控制地多食，暴食。患者经常暴饮暴食，然后采取自我引吐或过度运动的方式，抵消暴食行为的后果。患者极度怕胖，对自我的评价常受身材及体重变化的影响，经常在深夜、独处或无聊、沮丧或愤怒的情境下，引发暴食行为，无法自制地吃，直到腹胀难受才罢休。患者暴食后虽暂时得到满足，但随之而来的罪恶感、自责及失控的焦虑感又促使他利用不当的方式（如催吐，滥用导泻剂、利尿剂，节食或过度剧烈运动）来清除已吃进的食物，企图阻止体重增加。这种暴食后的清除行为，通常在隐秘的环境中进行。

暴食症产生的原因很多，但最好能听听小梅的解释。

"老师，让她来找您谈谈可以吗？您一定要帮帮小梅。"王女士恳求说。

"小梅愿意来见我吗？"我试探地问。

"我一定会说服她来找您谈。"王女士肯定地说。

一天后，王女士打电话告诉我："小梅不愿意见您，也不愿意上学，晚上睡眠不好，白天胃口不好，情绪非常低落，有时哭笑无常。昨天，她在家里还要割腕自残。"

"你应该带小梅去见见心理医生，她需要专业的心理治疗。"我慎重地提出建议。

几天后，王女士反馈了小梅的病情，医生诊断小梅患了抑郁症和暴食症。通过一段时间的药物治疗，小梅的病情得到了控制，情绪也比较稳定了。

为了配合医生治疗，我对小梅进行了心理辅导。在与她的交谈中，我了解了小梅发病的原因。她向我诉说了她的故事。

"妈妈从来没有爱过我。我恨她！我刚出生不久，她就把我送到了奶奶家。我在奶奶家学会了走路，学会了说话。三岁时，她又把我送进了全托幼儿园。每到夜幕降临,孤独、害怕与眼泪伴随我进入梦乡。多少回我在梦中喊着'我要爸爸!我要妈妈',但没有人听到,没有人来抱我。读小学时,她又把我送到了外婆家。那时,我很少见到妈妈,根本见不到爸爸。后来听外婆说,妈妈和爸爸离婚了,我被判给了妈妈。就这样,我不仅失去了本来就不温暖的家,而且永远失去了父爱。读初中时,我又被寄养在老师家,一直过着寄人篱下的生活。读高中时,妈妈又坚持让我住校。

"现在,即便我一周回一次家,妈妈也很少陪我,只会给我买很多零食。也许,她认为大量的零食可以消除我的寂寞,补偿我缺失的爱。每周六,我几乎都不停地吃零食。当发现自己的体重天天见长时,我开始害怕成为胖妞。怎么办?我想到了用手抠喉咙催吐。半年来,我进入狂吃—狂吐—再狂吃—再狂吐的恶性循环。我很痛苦,又无法控制自己。我不想放弃要求她为我买大量零食的权利。她能为我买大量零食,至少证明她心中还有我。

"我的家是冰冷的、黑暗的,没有一丝温暖,因为没有母爱,也没有父爱。我割腕自残,是想看看自己还有没有伤痛的感觉,也想看看她还能不能为我流伤心的眼泪。"

了解了小梅暴食、抑郁、自残的原因后,我约见了王女士,告诉她小梅的真实感受和内心渴望,也想听听为什么在小梅幼小的时候,她不能陪伴自己的女儿?是什么原因让小梅失去了父爱?她给小梅买大量的零食,又是出于怎样的考虑?

王女士流着眼泪告诉我:"我是一个要强的人,一路打拼过来很不容易。当年没有考上大学,我硬是靠着边上班边自学,通过三年的努力,完成了自学考试的全部课程,获得了大专毕业证书。结婚后不久就怀上了她,等她一出生,专升本的考试又开始了。为了顺利完成本科学习,我把她送到了婆婆家。苦读三年,我终于获得了本科文凭。正当自己沉浸在成功的喜悦中时,婚姻却亮起了红灯。无奈之下,我们办理了离婚手续。当时,我感觉自己一定可以很好地抚养她,所以,在法庭上力争她的抚养权。

"由于自己身体不好，边工作边带她无法适应，所以，我又把她放到了妈妈家。一晃六年过去了，她进入了初中。我自己认为，初中三年是打基础最重要的阶段，为了得到老师的辅导，就让她住在老师家。她成绩不错，顺利考上了重点高中。为了给她的大学生活做准备，培养她独立生活的能力，就坚决要求她住校。这就是这么多年来，我为什么不把她带在身边的原因。我想培养她独立、自强的能力，考上好大学，有个美好的未来。但万万没有想到的是，她竟如此恨我。"

女儿能理解妈妈的良苦用心吗？妈妈能感觉到女儿亲情缺失的痛苦吗？目前来看，最重要的是为她们创设一个倾诉与沟通的机会。母女的血脉是相通的，母女的情感是交融的。相信找到被爱的感觉后，女儿一定会感到温暖；寻回爱的感觉后，母亲也一定会感到幸福。

聆听手记

这对母女的故事让我们看到，当个好女儿和当个好妈妈其实都不容易。要强的妈妈过于理性地安排了女儿和自己的人生。妈妈把学业和文凭看得很重，缺乏对人的情感与爱的关注，不仅导致婚姻失败，还让无辜的小梅备受冷落。由于亲情缺失，小梅对未来很失望，很惧怕，对母亲产生了冷漠和仇恨的情绪，通过狂吃—狂吐—再狂吃—再狂吐的暴食行为自我疗伤，却成了心理障碍者。

妈妈的出发点本没有错，但对一个孩子来说，妈妈的拥抱与陪伴却是生命成长中最重要的阳光和雨露。

在妈妈很忙、很累，忽视对自己的关爱时，孩子要大胆地表达自己的需要与渴望，你的呼喊声一定会让妈妈意识到自己的失误。我相信，每个妈妈都是爱孩子的，每个孩子都需要妈妈的爱。

7 惧怕癞蛤蟆的女生
—— 如何引导学生保护自己

刚上高一的小雯，在新生军训期间，因为同学抓癞蛤蟆吓唬她，当场昏厥过去。为什么一只小小的癞蛤蟆能令她害怕到如此程度？

事情是这样的：学校组织全体高一学生去远郊的少年军校军训。紧张的军训生活、单调的队列操练，让学生备感枯燥；炎热的天气，更使大家极度疲倦。所以，每当夜幕降临时，在操场上纳凉就成了学生的最爱。

每到此时，总有一个人的表现与众不同，甚至有点儿古怪，那就是小雯。穿着旅游鞋、长裤、长袖衫的小雯，把自己包裹得严严实实。她不是坐在凳子上，也不是双脚踩在地上，而是整个人蹲在凳子上，还不时地向周边的草丛张望。

同学好奇地问小雯："你干吗？"

小雯神色紧张地说："我怕癞蛤蟆跳出来啊！"

"你也太夸张了，一只小小的癞蛤蟆能把你怎么样？它又不会咬人。"同学嘲笑小雯太大惊小怪了。

小雯痛苦又无奈地说："我知道癞蛤蟆不会伤人，但我见到癞蛤蟆就会禁不住惊叫，甚至手脚颤抖。"

7天的军训，对小雯来说简直是度日如年。她天天盼军训早日结束，尽快离开这杂草丛生、危机四伏的鬼地方。

小雯怕癞蛤蟆的事儿，被当作笑话在班上传开了。几个调皮的男生觉得此事太不可思议，决定试探一下真实性。他们趁教官把大家带到草地上训练的机会，在休息时，捉来一只癞蛤蟆，轻轻地放在小雯脚边，然后突然对小雯高喊一声："当心，癞蛤蟆！"小雯闻声迅速提起双脚直蹦，当提起的脚再落回地面时，正好踩住了癞蛤蟆。小雯见状发出"啊"的一声惨叫，就昏了过去。这下同学们慌了神，七手八脚地把小雯抬到了医务室。在医生的安抚下，小雯脸色苍白、满身虚汗地苏醒过来。她惊惶的表情、呆滞的目光让在场的每个人都感到恐怖。

从那以后，小雯再不敢走近草丛，天黑后也不敢迈出寝室一步了。

在班主任的陪同下，小雯来寻求心理辅导。我第一眼看到小雯时，只见她肌肉僵硬、神情紧张、呼吸急促。我一边安慰她坐下，一边示意她做深呼吸放松。

小雯告诉我，她小时候并不怕癞蛤蟆，还与几个男生一起给癞蛤蟆做过解剖手术。但不知道从何时开始，她一想到癞蛤蟆就觉得恶心，一见到癞蛤蟆就感到害怕。

在征得小雯同意后，我决定采用催眠法对她进行心理干预。

"现在请你闭上眼睛，然后做深呼吸。用鼻子深深地吸气，用嘴巴缓缓地吐气，再吸气，再吐气……用心去感觉，每一次吸气，你都能够感觉到自己吸进清新的氧气。氧气流进鼻孔，经过肺部，充满整个胸腔，进入身体的每个部位……用心去感受，每一次吐气，你都能够感觉到自己体内的废气和杂质被排出体外，压抑、痛苦、恐惧等负面情绪都被排到了体外。你感觉越来越轻松，越来越舒服……"

我观察小雯，发现她呼吸平稳、身体放松，便判断她已进入催眠状态。我继续采用"光照法"对她进行心理干预。

"想象在你的头顶有一道柔和的光，光照在头顶很舒服。光慢慢地往下移，照射在你的肩膀上，感觉肩膀好轻松。照射在心脏上，感觉心脏有规律地跳动。柔和的光继续向下蔓延，照在腹部……腿部……脚部……你的整个身体完全处于光的照射下，享受温暖……享受能量……"

在小雯思绪平稳的催眠状态下，我们开始对话。

"你眼前出现了一片草地，旁边有个水塘，在水塘中央有一座大大的假山，水中有睡莲……你看到这样的景色了吗？"我问。小雯点点头。

"在景色中找一找，能看到癞蛤蟆吗？如果找到了，竖起你左手的拇指。"我说。小雯始终没有竖起左手的拇指。

"在景色中，你看到了什么？"我问。

"一个男人一张丑陋的脸。"小雯的呼吸开始加快。

"这个人在干吗？看到这个人你有什么感觉？"我问。

"他鼓动着腮帮子，对我做鬼脸。他走过来了，伸出手抓住了我。我怕……"小雯面部表情痛苦，眼球快速转动，呼吸急促。

"来做个深呼吸……保持呼吸平稳……现在眼前的景象有什么变化？这个人还在吗？"我问。

"他变成了一只令人恶心的癞蛤蟆……"小雯紧锁着眉头说。

"你经历了一次奇妙的催眠体验，潜意识告诉了你一些未知的东西。当我从3数到1的时候，你可以睁开眼睛，回到当下。"

通过这次催眠体验，我明白了，小雯真正害怕的并不是现实生活中的癞蛤蟆，而是曾经在某一事件中被某人或某物吓到的投射。我决定与小雯做一次非催眠状态下的交谈。

"小雯，请你想一想，大约从什么时候开始害怕癞蛤蟆？在你成长的过程中，是否发生过令你害怕甚至恐惧的事儿，是否出现过令你极度厌恶的人？"我问。

小雯终于说出了两年前的一次痛苦遭遇。"一个周末的傍晚，我乘公交车赶回学校住宿。刚上公交车，就与一个胖男人的目光相遇，他不怀好意的目光让我感到紧张与害怕，本能地向远离他的方向挪动。但我发现，他主动向我身边靠拢，最后，我被逼到了车厢尾部的角落。车厢里人不多，乘客的冷漠让他变得更加肆无忌惮。他将手搭到我的肩上并慢慢地向下滑去……我吓得瑟瑟发抖，但不敢发出求救的喊声。他用整个身体顶住我的身体，眼神一直控制着我，我感到极度恐惧。我终于到站要下车了，一下车就感到阵阵恶心并大吐了起来。回到宿舍我趴到床上哭了一夜。第二天早上起来后就不停地清洗被他抓过的地方，感觉永远洗不干净了……"小雯痛苦地流着眼泪。

"我没把这一遭遇告诉任何人,想把它埋在心底,随着时间推移慢慢忘却那恐怖的一幕。"小雯在公交车上被性骚扰一事,成为她害怕癞蛤蟆的根源。要想帮助小雯摆脱心理阴影,就需要对她做进一步的心理辅导。

一周后,小雯如约来到我的办公室。我运用"三道门"的催眠技术为她做了进一步的心理辅导。

在确定小雯已进入催眠状态后,我与她开始了对话。

"你慢慢地走到一个小广场,你的眼前出现了三道门。你试着去推开它,走进去看一看。"我说。

"我打开了第一道门,里面一片漆黑,阴森森的。我感到害怕,想离开。"小雯紧张地说。

"想离开就离开,这不是你要待的地方。出来后,请关上门并用锁牢牢地锁上,对它说:'再见,我永远都不想再来。'"我说。

"我离开了,把门锁上了。我已站到了第二道门前,想进去看看。"小雯说。

"那你推开门进去看看吧。"我说。

"打开了门,我见到房间里有一束光从小窗口射进来,能看清屋子中央蹲着一只癞蛤蟆。"小雯略带紧张地说。

"你能走近一步看看这只癞蛤蟆吗?看它的感觉如何?"我问。

"我已经走近一步了,癞蛤蟆一动不动。噢,它是石头雕成的。我感觉不怕它。"小雯平静地说。

"好,非常好。保持平稳的呼吸。愿意在这个房间里停留吗?"我问。

"不愿意,我还是想离开。离开之前,我会对癞蛤蟆说:'你伤害不了我。我不怕你。'"小雯比较肯定地说。

"非常好,你很棒!继续保持平稳的呼吸。还想进入最后那道门去看看吗?"我说。

"我愿意去打开最后一道门。门很亮,也很重,我用力推开了它。啊,进门后我看到一片花园,青草绿地,阳光明媚,树上鸟鸣,水中蛙叫。我愿意在这里停留。"小雯轻松地说。

"好，接下来，你可以有 10 分钟的时间，好好享受这种感觉。你自然醒来回到当下后，会感到神采奕奕，精神焕发，充满力量。"我说。

经过几次催眠辅导后，小雯终于不再惧怕癞蛤蟆了，还懂得了如何保护自己。

聆听手记

小雯军训时，因受到癞蛤蟆的惊吓而突然昏厥。我采用催眠的方法对她进行了治疗性辅导。

所谓催眠，就是在催眠师的诱导下，个体完全放松，高度专注，产生自身意象，潜意识开放或吸取对自己有益的暗示，进而达成某种目标。

小雯经历了一次奇妙的催眠体验，在催眠状态下与自己的潜意识进行了对话。她明白了，自己真正害怕的并不是现实生活中那只小小的癞蛤蟆，而是曾经遭遇性骚扰时没有被处理的负面情绪，受到压抑进入潜意识后产生的投射。昏厥的瞬间，潜意识让自己对突然出现的危险及时进行割断。什么也看不到，什么也听不到，什么也感觉不到，这就是本能的自我保护。

在治疗性辅导中，我首先采用放松诱导，让小雯通过调整呼吸，松弛肌肉，平稳情绪。接着又运用了"光照法"，让小雯在柔和的光照射下，感觉非常放松，非常舒服，补充能量，增加面对恐惧的勇气。最后又运用"三道门"催眠技术，通过三个不同情境的隐喻，将问题导出，让小雯经历正面与负面情绪，整合心灵，改变心智。小雯锁上第一道门，象征她告别过去；关上第二道门，象征她接受现实，活在当下；用力打开第三道门后出现的景象，象征她将以积极的态度、主动的行动，迎接美好的未来。走过三道门，是一次蜕变的经历，更是一次重生的体验。

8 "我真的可以克服口吃吗"
——如何帮助学生应对口吃

望着窗外满眼的新绿和盛开的白玉兰，我沉浸在醉人的春天里。但"咚、咚、咚"的敲门声，把我的思绪拉回到现实中。

"老……老师，我……我可以进来吗？"一个女生怯生生地问。

"当然可以，欢迎啊！"我热情地把女生请进了心理咨询室。

女生看起来很紧张。她嘴唇微启，似乎想对我说什么，但好几次，我以为她要开口说话了，她又紧紧地抿起了嘴唇。

"我有什么可以帮你的吗？"我轻声地问，唯恐吓着了她。

"老……老师，你……你能帮……我克服口吃吗？"她终于鼓足勇气，结结巴巴地说出了自己的要求。

"口吃？你希望老师帮你克服口吃？"

"是的。"女生肯定地点着头回答。

"你是怎么想到让老师帮助你克服这一障碍的？"我带着疑惑问。

"老……老师，我……我看了一部电影《国王的演讲》。影片中的国王患有严重的口吃，但在语言治疗师的帮助下，他克服了口吃。我……我被感动了。我……我想我也应该可以改变的。"她认真地说。

"好，有信心就一定能改变的。我们一起努力吧。"我也认真地回答。

通过多次交谈，我了解到女生名叫小枫，是一名高二的学生。口吃是她在上小学二年级时一次特殊经历留下的后遗症。原本还算开朗的小枫，被老师推荐参加学校讲故事比赛。那天，小枫既紧张又兴奋地站到了舞台中央，讲《三只小猪盖房子》的故事。

"猪妈妈有三个孩子，老大叫呼呼，老二叫噜噜，老三叫嘟嘟。有一天，猪妈妈对小猪说：'现在，你们已经长大了，应该学一些本领。你们各自去盖一座房子吧！'三只小猪问：'妈妈，用什么东西盖房子呢？'猪妈妈说：'稻草、木头、砖都可以盖房子，但是草房没有木房结实，木房没有砖房结实。'三只小猪高高兴兴地走了。走着，走着……走着，走着……"小枫的表演引发了全场小朋友的哄笑。最后，她哭着被老师"赶"下了台。回到家后，她仍无法摆脱被小朋友嘲笑的羞耻感。妈妈见她哭哭啼啼、没完没了，对她发火说："你还哭，还嫌不够丢人吗？"

从那以后，小枫就落下了结巴的毛病，不敢面对同学说话，常常一个人坐在角落里。进入高中以后，看着同学们叽叽喳喳说个不停，她更自卑了，口吃的情况也越来越严重。

我为她制订了每周一次的心理辅导及矫治训练计划。

第一次心理辅导的目标是，帮助小枫找到口吃的原因，树立矫治口吃的信心。"你能告诉老师，是从何时发现自己口吃的吗？"我问。

"小学二年级。"小枫不假思索地回答。

"你怎么这么确定？"我问。

"就是那次讲故事比赛以后，我发现自己不敢说话，脑子里常常出现同学们哄堂大笑的场面和妈妈生气的脸，喉咙总是被'走着，走着……走着，走着……'这句话堵着。"她痛苦地说。

"你无法接受表演受挫的结果，因受到同学哄笑、妈妈批评而感到无地自容，因自卑而引发了交流焦虑，因恐惧而出现了语言障碍。"我希望她能明白她口吃的真正原因。

"你越是试图让自己把话说得完美，压力就越大，口吃的情况也就越严重。你越想不口吃，可能口吃就越厉害。口吃是一种心理障碍，完全可以治好。"我肯定地说。

"老师，我真的可以克服口吃吗？"她兴奋地、非常流利地问。

"当然喽。你没发现，现在你就说得很流利了吗？"我微笑地望着面前这个对自己重拾信心的女生。

第二次心理辅导的目标是，让小枫明白口吃不是一种简单的语言障碍，而是由生理和心理两方面共同影响而造成的复杂性功能紊乱。要克服口吃，需要付出努力。

当她再一次来到心理咨询室时，我已经准备好了电影《国王的演讲》的视频。我们一起观看，一起分析。看完影片时，小枫泪流满面。

"乔治六世真的有口吃吗？他为什么口吃？"

"乔治六世有位严厉且强势的父亲。父亲热爱集邮，不允许孩子有其他爱好。乔治六世之所以口吃，比较流行的说法是，这是他父亲指示导师纠正他的左撇子习惯引起的。除此之外，乔治六世从小生活在王位继承人哥哥爱德华的光环之下，他的童年充满了孤独和忧伤。因此，有历史学家认为恐惧心理也是其口吃的原因之一。

"和乔治六世一样，不能流利地说出想说的话，这让你感到非常沮丧。口吃让你感到非常困窘和丢脸。为此，你不得不忍受羞辱、自卑，有时候还会有自我仇视的情绪。我希望你能像乔治六世那样战胜自我，克服口吃。你首先要做到的，就是克服内心的恐惧，正视不完美的自己。小枫，你有信心挑战自己吗？"我向她提出了要求。

"有……有！"回答的声音虽然不大，却很坚定。

我有预感，她会成功克服口吃的。

第三次心理辅导的目标是，帮助小枫学会自我放松。

"强烈的恐惧感会让你处于狂乱的境地。这个时候，你的思想和行动近乎瘫痪。这是因为紧张与恐惧令你的肌肉过度紧张，发音器官肌肉痉挛，发出的音律自然就会受到阻碍。这就是人为什么压力越大越紧张，口吃就会越严重。"

我先让她学习腹式呼吸法，然后学习胸式呼吸法。这样的肌肉放松训练，能让她养成缓慢、从容、深思熟虑后再说话的习惯，能训练她以平静、放松的方式进行交流，从而克服口吃。

第四次心理辅导的目标是，运用暴露疗法，激励她大胆地做演讲展示，摆脱阴影，找回自信。

小枫的口吃是因在大庭广众之下，面对同学说话时心理过于紧张造成的。因此，我要求她在合适的时候，做一次公开演讲，彻底消除无法面对熟人做长篇演讲的心理阴影。我与她的班主任联系，希望能安排她在班会课上为全班同学做一次演讲。同时，我也与她妈妈联系，希望在小枫演讲成功时，给予鼓励与赞美。

小枫生日当天，恰好班级召开主题班会，按照我们事先的约定，班长邀请小枫为大家朗诵诗歌《十六岁的天空》。

在舒缓的背景音乐声中，小枫自信地走到教室中央，开始朗诵。

她深情而流利的朗诵声音刚落，教室的门被缓缓打开，妈妈捧着一个大蛋糕走了进来，拥抱了小枫，自豪地说："女儿，你真棒！"小枫带着欣喜的泪，默默地许愿，吹灭了蜡烛。在《祝你生日快乐》的歌声中，同学们分吃了大蛋糕，更分享了小枫成功克服口吃的喜悦。

我在窗外默默地为小枫祝福："愿口吃远离你，快乐陪伴你！"

聆听手记

口吃是青少年中比较常见的一种心理障碍，它不仅影响学生的人际交往，还会对他们未来的工作、生活造成不良影响。所以，矫治口吃是一件非常重要的事情，应该引起家长和老师的充分重视。

引起口吃最直接的原因是，精神过度紧张、焦虑，导致发音器官肌肉痉挛，使发出的音律受阻。老师应鼓励口吃的学生接触各种不同的环境及不同的人群，使他们在交谈和阅读中消除紧张、恐惧、焦虑、抑郁等状态，逐步培养平稳、镇定自若的心态；应鼓励他们参加学校组织的演讲、朗诵等各种竞赛，让他们在各种场合中锻炼自己。

另外需要提醒老师的是，若学生患有器质性病变的严重口吃，应该让他们通过正规医院的治疗来进行矫正。

9　总忍不住想洗手的女生
——如何引导学生减少强迫行为

年级组办公室的老师们在议论，经常看到一个女生在行政大楼洗手间洗手。她洗手的样子特别奇怪，一次次地冲洗，一次次地烘干，只有当上课铃响时，她才会急忙向教学大楼奔去。有老师开玩笑地对我说："这个女生大概是个强迫症患者吧！"

我去物业保洁阿姨那儿了解情况，问她是否经常看到一个女生来洗手间洗手，每次大约洗多长时间。阿姨的回答让我吃惊，这个女生几乎每节课下课后都来洗手，每次都是等到上课铃响了才匆匆离去。有几次还出现铃响了，她还在专注地洗手的情况，还是保洁阿姨提醒后，她才依依不舍地离开。

我决定去现场探个究竟。我发现，下课铃响后不到两分钟，一个女生快速地向洗手间跑来，动作熟练地打开水龙头开始洗手，用洗手液搓洗—冲—再用洗手液搓洗—再冲，反反复复。上课铃响了，她才向教室跑去。又一节课下课了，她又向洗手间跑来，重复洗手程序。她一天内进出卫生间洗手的次数达8次。这样的洗手频率，一定不是正常的基本需要了，看来女生确实有异常表现。

我决定向班主任了解女生在其他方面的情况。据班主任反映，她非常内向，很少说话，也没有朋友，学习成绩一般，下课后就不在班上。最近她经常上课迟到，这引起了任课老师的关注，问她去了哪里、为什么迟到，她总是沉默不语。看她可怜兮兮的样子，老师们也就不再追究了。

一天，我有意在洗手间等她，见到她的手长时间被水浸泡而变得干燥脱皮，我主动给她递上一支护手霜："同学你好，我见你长时间洗手，手上皮肤已受损。每次洗完都要抹一下，保护手是很重要的。"我一边说着一边在自己手上也抹了起来。

她双手搓抹护手霜，感激地向我点点头，轻轻地说了一声："谢谢！"

第二天我又假装在洗手间偶然遇到她，见到我她主动说："老师，昨天抹了护手霜后，手感觉很舒服。"

"是吗？太好了，我见你对洗手蛮感兴趣的，我请你去一个更适合洗手的地方，想去吗？"我高兴地说。

"在哪儿？我真的可以去？"女生将信将疑地问。

"当然可以，在逸仙楼，听说过吗？"我略带神秘地说。

我们约定周三下午第四节课在学校心理咨询中心——逸仙楼见面。为了迎接这位"洗手爱好者"，我精心准备了洗手间的卫生用品。镜台前摆放了玫瑰花味的香皂、擦手纸巾、护手霜、烘手机，还摆了一盆绿萝。

女生准时到来，看到温馨的洗手间和镜台上摆放的物品，真是爱不释手。我说："你洗吧，尽情地洗，想怎么洗就怎么洗，想洗多久就洗多久，只要洗完后，告诉我喜欢洗手的原因和洗手的感受就可以了。开始吧！"我说完后，把洗手间的门关上，让她一个人静静地享受洗手的过程。

大约过了30分钟，洗手间的门打开了。女生搓着双手，走到我面前说："老师，其实我并不是很想洗手，只是控制不住地要去洗，明明知道没有必要，还是会不停地洗。每天都会在'必须洗'和'不用洗'之间纠结，真是很痛苦。"她一脸无奈地说。

我感觉对她进行心理辅导的时机已到，可以跟她探讨为什么总忍不住想洗手的问题了。

"你是否愿意，和我一起来寻找反复洗手的原因？你好好想一下，自己从什么时候开始有了反复洗手的行为？记录过自己每天洗手的次数吗？"我认真地问。

"我妈妈是个护士长，特别爱干净，回家见到我总是说：'洗手去，真脏！'小时候，我还因为洗手洗得不认真、不干净被妈妈训斥：'你真脏，你是一个脏小孩儿！'我见到妈妈会条件反射似的跑到卫生间洗手。

"如果要记录一下每天洗几次手，我想想：起床要洗，早饭前要洗，饭后要洗，穿完鞋子要洗，坐公交车后要洗，上完课要洗，吃午饭前要洗，吃完午饭后要洗，下午上完课要洗，回到家要洗，吃晚饭前要洗……太多了，妈妈说东西都是脏的，随时都要洗手才干净。"

听了她的回答，我知道因为她有一个有洁癖的妈妈，所以就被训导成了一个不停洗手的孩子。开始时她是不情愿的，但慢慢地洗手就成了习惯。

"小时候妈妈要求你每天洗很多次手，你是出于无奈才洗手；现在你长大了，有了自己的思考和主见，你洗手的次数是越来越多，还是有所减少？"我问。

"小时候，若不认真洗手，会被妈妈训斥或者打骂，很不开心；现在，妈妈不盯着我洗手了，但我发现自己洗手的次数越来越多，有时明明知道没有必要，但还是忍不住去洗。以前，我只是在教学大楼的卫生间洗手，怕被同学看到后议论，现在舍近求远地跑到行政大楼，发现那儿的洗手间里有洗手液可用，每次洗的时间就更长了。无法控制自己的感觉比被妈妈骂还痛苦。"她说。

"你觉得自己反复洗手的次数越来越多的原因可能还与什么有关呢？"

"大概还是妈妈吧。进入高中后，我的学习成绩不是很理想，妈妈好几次对我说：'你真笨，你是个笨女孩儿！'小时候听到'你是一个脏小孩儿'，我就不停地洗手，想洗掉自己的脏；现在听到'你是个笨女孩儿'，也想不停地洗手，洗掉自己的笨。"她思考后回答。

现在，我更清楚地意识到这样一个强势的妈妈，让女儿变得十分自卑，女儿最后只能通过强迫性的行为——反复洗手表达内心的矛盾、焦虑。像她这样反复洗手的现象，临床上称为强迫症。一般认为，这与遗传因素、性格基础、父母不良的性格影响、不当的家庭教育方式等有关系。

"何时让我见一见你的妈妈，可以吗？要解决你反复洗手的问题，妈妈的态度很重要。"我提出了要求。

"说实话，我怕妈妈，不知道她会不会来！"对妈妈的畏惧感让她显得无能为力。

"如果你觉得转告你妈妈有困难，那你把她的联系方式给我，我找她谈谈。"我建议。

在我的主动联系下，女生的妈妈来到心理咨询中心。我告诉她，女儿有反复洗手的异常行为，也分析了反复洗手背后的原因可能与自卑情结有关。女儿在妈妈面前感到自卑，就用反复洗手来缓解。现在学习成绩不理想，在同学面前感到自卑，产生焦虑情绪后，也用反复洗手来缓解。自卑程度越高，洗手的频率就越高。每节课下课后，她都要跑到洗手间洗手，这样的行为可以被认定是强迫行为。

女生的妈妈是一名医务工作者，很清楚强迫行为、强迫症可能造成的严重后果。

"老师，我该怎么做才可以帮助女儿？"她严肃并略显焦急地问。

"我们可以做的是，帮助她树立自信。提高学习成绩是增强自信的方法之一，但我认为妈妈的认可和鼓励，更是她找回自信的动力。像'你真脏，你是一个脏小孩儿''你真笨，你是个笨女孩儿'这样的话，让她想去反复洗手。妈妈是否可以再对她说一些鼓励的话，让她不用再通过反复洗手来缓解焦虑？"我暗示女生的妈妈，从肯定、赞美的态度出发，寻找帮助女儿重拾自信的方法。

几天后，女生再次来到逸仙楼，面带微笑地告诉我："现在妈妈常常对我说——'你很乖，是个乖女儿''你很努力，是个勤奋的学生'。妈妈的肯定和认可，让我看到了自己好的一面。我有信心通过努力，取得令人满意的成绩。心中有目标，学习有计划，内心就有一种充实感。"

"你还一下课就想去洗手间洗手吗？"我半开玩笑地问。

"基本不去了，但讲究个人卫生是我的优良传统，逸仙楼的洗手间还是我向往的地方哦！"女生开心地笑着回答。

聆听手记

强迫症属于焦虑障碍的一种,是一种以强迫思维和强迫行为为主要临床表现的精神疾病,其特点为有意识的强迫和反强迫并存。强迫行为往往是为了减轻强迫思维产生的焦虑而不得不采取的行动。如反复洗手的患者,明知没有必要,但总无法控制。这就使患者感到十分焦虑和痛苦,进而影响学习、工作、生活和人际交往。

强迫症的发病与社会心理、个性、遗传及神经内分泌等因素有关,其中前两项是可以干预的。家长应当为孩子构建一个稳定、安全、和谐的生活环境,不应过分苛求;应注重亲子间相互沟通,以促进孩子养成健全的人格。

在得知女生的强迫行为与自卑心理有关后,老师引导妈妈改变对女儿的态度,让妈妈用肯定、赞美的积极句式替换否定性评价,让女儿在树立信心、确立目标的基础上,找到行动的方向和动力。这有效地减少了女生的强迫行为,最终她反复洗手的行为基本消失。

10 "别人都说她疯了"
—— 如何引导学生应对性侵犯

这天,我接到了一个陌生的电话,对方称我为医生。"医生,您好。我带着女儿从安徽来上海看病,现在在医院门诊部,刚做完脑CT检查。检查结论是未发现器质性病变,医生估计是心理疾病,建议我找心理专家确诊。所以,冒昧地给您打电话,希望您能见见我女儿。我求您帮帮我女儿吧,别人都说她疯了。"电话里传来的是一位父亲焦虑又无奈的求助声。

我没有把握是否可以帮到他,也不能确定他女儿的问题是否属于心理辅导的范畴。为了给他一份安慰,也为了帮助他女儿,我们约定第二天上午10点见面,地点是学校心理咨询中心。

当天上午,我早早地放下手中的工作,提前20分钟进入心理咨询室等他们。但是到了10点半也没有消息。我纳闷儿:难道昨天那个急于求助的电话是个骗局?但骗人的动机是什么呢?我怀着"你来与不来,我等你;你骗与不骗,我还会等你"的淡定心态正常工作。

11点40分,学校门卫打来电话告诉我有人找我,说是约好来做心理咨询的。我让保安转告,让他们直接到心理咨询中心。但保安为难地说:"老师,不行啊!他们来了一帮人,男男女女有六七个呢。"

我到学校门口迎接时,发现确实有六个大人和一个十二三岁的孩子。原来,除了孩子和她父亲外,还有家乡的亲戚、上海的朋友都来了。我不明白,一个学生做心理咨询,怎么会来一大帮人。看来这个问题已经惊动了亲朋好友,也说明他们真的认为问题很严重。

我观察了一下小孩儿,有点儿诧异地问:"电话里说是个女孩儿,现在怎么来了一个男孩儿?"

"我是女孩儿。"没等孩子的父亲回答,孩子就立即大声地纠正。

"噢,你是女孩儿。对不起,我没看清。"我赶紧向她道歉。

"昨天在医院做脑CT,头发被医生剪掉了,为此,她还大哭了一场呢!"孩子的父亲在一旁解释道。

"那是有点儿可惜,但没关系,头发很快会长长的。"我一边摸女生的头,一边安慰。女生并没有因为我的道歉和安慰而变得态度友好,而是用愤怒的目光看着我。此时,我突然看到她的耳根部、脖子上有一道道深深的血印,像是刚刚被打而留下的。再仔细看,她的头发确实被剪得很短,只有两厘米左右的长度,而且修得很不整齐,脸上也有红红的手印。我的心一阵疼痛,不知道她遭遇了什么。

待她与她父亲在心理咨询室坐定后,我忍不住问:"孩子脖子上的伤痕是怎么回事?"

孩子不作声,爸爸也不回答。我决定将他俩分开后再谈。我让女生独自去隔壁房间等待,但她看上去有点儿惊慌,拉住爸爸的手不愿意离开。我明白,在一个陌生的地方,她没有安全感,所以,她不愿单独离开的表现是正常的。我让女助手陪她玩沙盘游戏,她接纳了我的建议,安静地离开了。

屋里只剩下我和女孩儿的父亲,我直截了当地追问脖子上的伤是怎么来的。"是我打的!"他轻声地说。

"为什么要打她?你有什么理由这样做?"我觉得不可思议。

"我知道不该打她。为了今天上午能准时来,昨晚我们特意选择在学校附近的招待所住下,但今天早上她就是不愿起床,9点半了我才好不容易把她从床上拖起来。她竟躲到衣柜里不肯出来,我实在没有办法,就动手打了她。"他无奈地说。

"是否想过孩子为什么怕出门?为什么不愿意来做心理咨询?"我问。

"在医院,她不配合医生做检查,所以,头发被强行剪了。为此,她一直又哭又闹的。听说今天要见心理医生,她就特别抵触。"他说出了她不愿出门的原因。

其实，我也明白，被强行剪去了心爱的秀发，女孩儿是何等伤心，这不仅是被剥夺了权利，更是对自尊心的伤害。她通过不起床、躲进衣柜的方式，抗议父亲对她心理感受的忽视，希望引起父亲的关注和理解，但万万没有想到，竟遭受父亲的一顿暴打。我让父亲了解女儿不愿出门的心理原因，也是想让父亲学会满足女儿的心理需求。

"别人都说她疯了，你发现她有什么异常的表现吗？"我把话题转到父亲求助的原因上。

"她已经两个月没去学校读书了。一提去学校，她就把自己关在房间里，白天都拉上窗帘，晚上也不肯脱衣服睡觉。我们把窗帘打开，或让她脱衣服睡觉，她就躲到大衣柜里不出来。妈妈打她、骂她，她就是不肯去学校。"他无奈又生气地说。

"两个月前她的表现也是这样的吗？学校或家里是否发生了对她产生重大影响的事情？"我问。

"不是这样的。以前她性格开朗，有一点儿任性。半年前家里添了一个小弟弟，这对她好像有点儿影响。她感觉爸妈都在照顾小弟弟，对她关注少了，有时会妒忌，但也不至于这么反常啊！发病后，我们去学校向老师了解情况，老师说并没有发生什么重要的事情。"

家里添了一个宝贝儿子，一家人的重心都偏移到小弟弟身上，姐姐因妒忌而失落是很正常的事儿。她想通过各种表现来吸引父母的注意力，以满足失衡的心态，也是完全有可能的事儿。但她白天拉上窗帘、躲衣柜、不脱外衣入睡等异常行为，让我觉得应该另有隐情。

此时，女助手急忙跑来告诉我："女孩儿在沙盘中呈现的作品很吓人。她发现办公桌上有电脑，就开始熟练地玩游戏了。"我赶忙来到沙盘训练室看个究竟。

沙盘上呈现的作品，确实让我心头一紧：房门是紧闭的，窗户拉着窗帘，门边有一个男人在窥视。房子前面是一片树林，树上有几只小鸟。几个漂亮的女孩儿东倒西歪地躺在地上（她选用的是芭比娃娃），衣服、裙子、靴子都被脱下扔在一边。我还是第一次看到有来访者把芭比娃娃身上的衣服全脱掉。这说明了什么？女助手告诉我，女孩儿是愤怒地、快速地、用力地扯去芭比娃娃身上的衣服的，嘴里还自言自语地说着什么。

联想到她睡觉不愿意脱外衣、不愿去学校、怕见人等表现，我担心她遭到了性侵犯。我看着她熟练地玩电脑游戏，心里产生一个疑问：她平时常玩电脑游戏吗？是否有人以玩电脑游戏为诱饵，诱骗了她？

我让女孩儿的父亲进入沙盘训练室，沙盘中的作品让他大吃一惊。女孩儿家没有电脑，父亲也不知道女儿会玩电子游戏。看来女孩儿的异常表现一定与某个人有关，这个人会是谁呢？

依我看来，女孩儿不存在器质性病变引起的疾病。她没有疯，之所以出现异常表现，很可能是因为受到心理伤害后导致的心理障碍。我给父亲的建议是：

第一，不要怪罪孩子，更不能打骂孩子，要给予她更多的心理抚慰，让她有安全感。

第二，再去孩子学校做个详细的调查（周边邻居或熟悉的亲友也有必要观察），了解她何时、何地与何人一起学会了玩电子游戏。

第三，如果可能，让妈妈带女儿去医院做个身体检查，确定女儿是否有被性侵犯的情况。

第四，在当地找心理咨询机构，给孩子做专业的心理辅导，帮助她走出心理阴影，修复心理创伤。

送走了女孩儿和她的亲人，我并没有感到轻松。因为导致女孩儿出现异常行为的人和事情还没找到，伤害还会继续，我真的很担心。

大约一周后，陌生电话再次打来，女孩儿的爸爸告诉我，正如我所料，是学校数学老师以玩电子游戏为诱饵，把女孩儿骗到他的宿舍，强奸了她。这是一个让人心痛的结果，却又是不得不面对的事实。

聆听手记

令人欣慰的是，我找到了女孩儿行为异常的原因；令人遗憾的是，我未能给女孩儿做后期的心理干预。一个女孩儿在受到性侵犯后，旁人的议论是"她疯了"，家长的疑惑是"她变了"。这提示我们，要用爱去关注青少年成长，要用心去理解他们的需求。

孩子有时是无知的，在物质的诱惑下容易上当受骗，被不法分子利用。受过伤害的女孩儿，用不去上学、躲衣柜等方式逃避，进而缓解痛苦，抵御恐惧。家长和老师要教会孩子学会自我保护，在遇到伤害时学会主动求助。

沙盘作品中呈现的细节——拉着窗帘的房间、被强行扯去衣服的女孩儿、窥视的男人等都是遭遇性侵犯时的场景投射，所以，只要我们用心观察女孩儿的言行，完全可以从蛛丝马迹中找到问题的根源。

11 言行怪异的女生
—— 如何引导学生应对抑郁症

"老师,我想复制前几周的心理课课件。"一位长发飘飘、柔弱、瘦小的女生来到办公室,向我提出了这个请求。先前听说高一新转来一名学生,名叫小贤,一到课间就进办公室向老师请教问题,向所有任课教师要求复制她转学前老师们上课的 PPT,这样的学习态度在高一年级已成为佳话。但无论如何我都想不到,她会要心理课的 PPT。抬头看她的那一刻,她那双忧郁而又极度渴望他人认可的眼神,让我心中产生了一种莫名的疑惑。

在一节主题为"音乐与心理"的心理活动课上,我让学生聆听一段音乐进行冥想,然后写下冥想的内容。有的学生写了三言两语,有的写了一两百字,也有的只字未写。正当准备做总结下课时,我看到坐在墙边的小贤依然在低头写字,并且身体微微发抖,她的同桌用眼神示意我留意她的怪异。我走向小贤,看到本子上滴满了泪水,直觉告诉我,这个活动或许触碰到了她心里的痛楚。

将小贤带到办公室后,我告诉她,如果感觉心里难过,可以不必写出冥想的内容。小贤说她想写完。于是她流着眼泪,写下了以下文字。

场景一:一个穿白色汉服的女子在竹林里的一个亭子中翩翩起舞,舞姿曼妙,引来了一群蝴蝶,绕着女子飞舞。风吹过竹林,发出沙沙的响声。

场景二：女子满脸泪水，跪在一座离水面很近的桥上，河面上漂满了蝴蝶的尸体，有一些蝴蝶还在水面上扑腾着翅膀做垂死挣扎。

场景三：在森林的一个小木屋里，母亲正在烧饭，烟囱里冒出袅袅青烟。父亲正在屋子边上修篱笆。爷爷、奶奶坐在门口晒太阳。小孩子在院子里嬉戏。

场景四：房子变得破败不堪，周围的树叶都凋零了。屋旁只有一座座坟，小孩子跪在坟前，痛哭流涕，一边自言自语，一边给家人烧纸钱。

场景五：采莲女坐在小船中，一边戏水，一边划船采莲。船上已经堆了不少莲蓬，碧绿碧绿的。采莲女身边是一朵莲花，花映人娇，时不时地传来她们嬉戏的声音。

场景六：一场突如其来的洪水把一切都淹没了，什么都没有了，也没有采莲女嬉戏的欢笑声了。在放生桥边，不少人带着小孩儿到桥边放生，岩石上放着一盆盆的小鱼、小虾。累了，人们就坐到古色古香的瓦屋中喝茶聊天儿。

场景七：夕阳照着整个村子，村子里一片死寂，所有人都睡着了，可能永远也醒不过来了。河水干涸了，河床上尽是死去的鱼虾，时间久了，便发出阵阵腥臭味儿。

短短几百字，呈现出多个生与死、希望与绝望的主题。我抬头刚要提问，小贤已开口："我早和爸妈说了，瞒不住的，时间久了您肯定会知道。其实我有抑郁症，已经很严重了。"

一番交流后，我大概了解了小贤转学的原因。小贤的家长非常注重家教，要求女儿温柔、贤惠，小贤因此对琴棋书画、刺绣等都略通一二。

"在学习上总是付出比别人更多的时间,但不知为什么就是越学越差劲,连原本擅长的语文成绩也开始走下坡路了。原先就读的学校里的同学,大多家境富裕,他们就是想混个高中文凭,等着出国。我和他们没有共同语言,所以没有朋友……"小贤说完身体又开始发抖。

小贤的家长认为原来的学习环境带来的学业压力和人际交往问题导致小贤患上了抑郁症,于是决定转学。

但是,转学后的小贤每天都担心被老师和同学发现自己的病情,而两所学校教学进度不一致,教师教学方法不同,新的班集体又给她带来了巨大的压力。在她看来,自己的病情反而更加严重了,有时甚至出现幻听、幻觉。而这些她都不敢告诉家长,不想给家长再增添负担。

说出病情后小贤如释重负,一脸期待地看着我:"老师,我该怎么办?"

"你真的很勇敢,能够主动说出自己的情况。你的决定是对的,抑郁症是可以控制和治疗的疾病。如果能够获得家长、朋友以及老师的帮助,效果可能会更好……"鼓励、安抚能够缓解小贤紧张、焦虑与不安的情绪。对她而言,主动说出自己的病情,并不是一件容易的事情,而我的一番话可以让小贤得到心理支持。

第一次心理咨询结束后,我通过班主任等渠道了解了小贤转学以来的情况。其实,班里已有同学觉得小贤的言行举止有些怪异。她常莫名地自言自语,谈论的话题不符合现代社会实际……一些同学认为这是她作为新伙伴想引起大家注意的行为,但也有同学猜测小贤转学的原因,个别学科教师也发觉她很特别。如果不能及时进行干预和保护,她可能会产生新的人际交往困惑,导致病情加重。

凑巧的是,学校里正好有一个小贤初中的同班同学,他主动提供了小贤初中时的一些情况。小贤喜欢唱歌跳舞,但都是一些古典的歌曲和民族舞蹈。她还喜欢穿衬衣和棉质的长裙,留着很长的头发,喜欢把它盘起来,初中时许多男生还为此嘲笑过她,认为她的穿着与现代时尚格格不入。小贤的这些行为举止甚至受到了大家的排斥,大家都认为她矫揉造作。那时一些试卷都是班级之间交换批阅，其他班级的同学都不愿意批改她的考卷。她青梅竹马的男朋友出国了，并交了新的女友。小贤学习非常努力，语文成绩比较优秀，中考失利后进了一所寄宿学校，但那个班里的男生经常戏弄她，女生也孤立她。在高一第一学期期末的时候，小贤同一宿舍的女生全都搬到其他宿舍，不愿与她同住……

听完这个同学的描述，我心想，中考失利、原来学校学习氛围不好、同伴关系不佳，或许这些只是小贤抑郁症发作的导火索。

在家校见面会上，我对小贤的情况有了更全面的了解。小贤的家庭条件优越，家教严格。高档酒店的就餐礼仪、高雅音乐的欣赏礼仪……这些礼仪一般中学生都不了解，小贤却都能做到规范得体。家长尽管表示对小贤的学习要求不高，却经常将她与其他人进行比较。中考的失利给她带来了沉重的打击，新学校人际关系的矛盾等导致她高一第一学期的期末考试成绩非常糟糕。期末放假接小贤回家的当天，家长一边开车，一边责备她成绩不理想、无法与班级同学建立良好的关系……在车子行进的过程中，难以承受压力的她突然打开车门，幸好未出意外。惊恐万分的家长更为生气，停下车继续责备。家长发现她浑身无力站不住时，以为她是装出来的，就没有在意，直到回到家中发现她连脱鞋和脱外套的力气都没有，整个人瘫在地上、浑身发抖，才意识到问题的严重性，并带她去专业机构治疗。

鉴于小贤的实际情况，心理危机干预小组成员与她的家长共同商讨了家校合作保护、帮助她的方法，以配合专业机构的治疗。

之后的一个多月里，小贤的身边多了两位愿意聆听的朋友，一位是班干部，另一位则是心理社团成员。学科教师也尽量对她的进步给予积极鼓励，并利用课间时间给她答疑补习。慢慢地她的情绪似乎稳定了很多，也能和其他同学说说笑笑了。她说新的学校让她感觉很温暖。在一篇以"暖流"为题的作文中，她描写了一个残疾女孩儿的故事。在得知考上重点高中的那一天，女孩儿在一场车祸中失去了双腿。但女孩儿没有放弃，开始学习刺绣。女孩儿说："我想要绣出祖国的锦绣山河，也想要绣出我的美丽人生。"小贤对我说，她也会刺绣，也想绣出她的美丽人生。

正当一切都在顺利开展，小贤的病情得到一定控制的时候，一些重大灾害发生了。电视上那些催人泪下的画面给小贤带来了强烈的刺激。

由于病情加重，小贤退学了，从此我们再也没有取得联系，只是后来听别人说，小贤的病情得到了控制。小贤虽然没有继续读书，但是利用自己的特长开了一家网店，销售自己的刺绣、串珠作品……

我不知道小贤是否喜欢这样的生活，但或许这也是一种比较适合她的生活方式。我衷心希望她能够用自己的特长，绣出属于自己的魅力人生。

聆听手记

初见小贤，我仿佛看到了一个古代温柔、贤淑的女子。她在诉说自己家长的教育方式、家长对自己的关怀、自己的兴趣爱好时，脸上流露出淡淡的幸福与自信；说到学科成绩不理想时，脸上写满沮丧与无奈；说到人际关系时，身体不由自主地发抖。关于小贤的信息汇总而来时，我们发现，这种特殊的教育方式在培养出举止端庄得体、古韵十足的孩子的同时，也给步入青春期的小贤带来了现代社会中的人际交往问题，而学业问题是受不良人际关系引发的情绪所影响，小贤无法获得家长在情感上的理解与支持，最终导致心理崩溃。

很多青少年心理障碍患者表示父母的工具性支持（如财物支持、替患者动手操作）多、感情性支持（如理解、倾听）少。在高考指挥棒下，许多看似"民主、平等、关爱"的家庭，其实充满了冷暴力。安全感是人类最基本的需求，孩子在外受到伤害，回到家里如果能得到父母及时的共情和抚慰，那么他对外部世界的认识和其自我人生定位就会趋于客观。亲情是世界上最感动人心的情感，父母无私的关爱才是孩子人生中最可靠的强心剂。

后 记

读懂学生心,教师不仅需要掌握心理学知识,提高咨询能力,而且需要具备正确的学生观,要真正理解:学生是一个人,是一个以读书为主要任务的人,是一个完整的人,是一个发展中的人。教师要随时关注学生的心理需求,理解学生的情绪表达,分析学生的异常行为,以便更好地帮助学生成长。

读懂学生心,了解学生的心理问题,教师不仅要了解学生自身的品质与行为,更要了解学生的成长环境和家庭教养方式,它们的影响力不可低估。改变学生,需要从改变亲子关系、改善师生关系入手,在提升个体心理品质的基础上,做好优化个体生活环境的工作。

读懂学生心,教师要看到在繁杂的学生心理问题表象下,实际存在的情况可分为三类:一般情绪问题、有偏差的行为障碍和严重的心理疾病。针对学生存在的不同心理状况,我们需要准确而适度地把握学生的情况,采取心理辅导、心理矫正和心理治疗等切实有效的手段,解决学生的心理问题。

最后,我想感谢我的合作者谢晓敏女士。她克服了工作繁忙、家务繁重的困难,坚持利用年幼儿子熟睡之后的时间动笔撰写书稿。有丰富心理咨询经验的她,提供了部分有价值的典型案例，充实和完善了本书的内容。

  我还要衷心感谢编辑，在他们的精心编辑下，本书得以顺利出版并与广大读者见面。

杨敏毅